DES ARMATEURS

ET

DES PROPRIÉTAIRES

DE NAVIRES

MELUN. — IMPRIMERIE DE DESRUES.

DES ARMATEURS

ET

DES PROPRIÉTAIRES

DE NAVIRES

RÉSUMÉ DE LA LÉGISLATION ET DE LA JURISPRU-
DENCE QUI LES CONCERNENT

et

COMMENTAIRE DE LA LOI DES 14-17 JUIN 1841

sur la responsabilité des

**ARMATEURS ET DES PROPRIÉTAIRES
DE NAVIRES**

ET LES RAPPORTS DES ARMATEURS ET DES CAPITAINES
ENTRE EUX

PAR M. L. LE HIR

Docteur en droit, avocat à la cour royale de Paris,

Rédacteur en chef des Annales du droit commercial et maritime.

———❖———

PARIS

**AU BUREAU DES ANNALES DU DROIT COMMERCIAL
ET MARITIME**
Rue des Saints-Pères, 59.

Chez JOUBERT, Libraire de la cour de cassation
Rue des Grès, 14

———

1845

DES ARMATEURS

ET

DES PROPRIÉTAIRES

DE NAVIRES

Cet ouvrage a pour but de faire connaître aux armateurs et aux propriétaires de navires leurs droits, leurs obligations et leur responsabilité, soit les uns à l'égard des autres, soit envers les tiers, soit relativement aux faits ou engagements du capitaine; nous avons voulu surtout présenter à nos lecteurs un commentaire de la loi des 14-17 juin 1841, tiré des discussions si profondes, si étendues et à la fois si animées, auxquelles cette loi a donné lieu dans les deux chambres. — Le premier chapitre traite du caractère et de la forme du contrat par lequel plusieurs personnes s'associent pour la construction et l'armement d'un navire ; — Le second : de l'armateur, de sa gestion, de la responsabilité des co-propriétaires quant à cette gestion, et de la responsabilité de l'armateur à leur égard, des actions de l'armement ou contre l'armement ; — Le troisième : de la responsabilité de l'armateur et des propriétaires de navire quant aux faits et actes du capitaine, ou spécialement de la loi des 14-17 juin 1841 ; — Le quatrième : des priviléges sur les navires, de la saisie et de la vente des navires ; — Le cinquième : de la compétence en ce qui touche la construction des navires, les actions entre les co-propriétaires et l'armateur, et celles contre l'armateur et les co-propriétaires.

CHAPITRE PREMIER.

Caractère du contrat par lequel plusieurs personnes s'associent pour la construction et l'armement d'un navire. Portionnaires et quirataires. — De quelle espèce est la société qui se forme entre les propriétaires du navire? — Droits des co-propriétaires sur la chose commune et sur son administration. Expédition. Destination. Choix du capitaine, etc. Assurance du navire. Expédition pour le compte de l'association. Désarmement. Aliénation du navire. — Forme du contrat qui constate les droits des co-propriétaires. Preuve de la co-propriété entre les co-propriétaires. Preuve à l'égard des tiers. Acte de francisation. — Exceptions spéciales apposées par le Code de commerce aux règles de la participation. Cas de division égale des intérêts dans le navire.

La construction et l'armement d'un navire

exigent de grandes dépenses et des frais consi-
rables ; d'après les art. 455, 454, C. com. ,
« les actions pour fournitures de bois et
« autres choses nécessaires aux constructions,
« équipement et ravitaillement d'un navire ,
« sont prescrites un an après les fourni-
« tures faites, s'il n'y a cédule , obligation ,
« arrêté de compte ou interpellation judi-
« diciaire. » Il faut donc que les fonds soient
prêts à l'instant, et le navire est presque toujours entièrement payé avant d'avoir rien produit. Aussi, rarement, un navire est construit
et armé aux frais d'une seule personne; le plus
souvent, les négociants, banquiers, ou tous
autres même n'étant pas dans le commerce ,
se réunissent et apportent chacun une somme
plus ou moins forte pour contribuer à la construction et à l'armement. Un motif plus
grave encore empêche qu'un navire soit construit par un seul spéculateur : les chances
du commerce maritime sont très-incertaines,
la mer engloutit souvent les espérances qui
paraissent les mieux fondées ; aussi, nul ne se
soucie de placer sur un vaisseau tout son avoir
ou une partie notable de sa fortune, et celui-
là même qui se voue à ces sortes d'entreprises
préfère, en contribuant à plusieurs armements,
éviter des pertes trop considérables et plus
certaines.

Rien de plus commun dans les ports de
mer surtout que ces apports de petites sommes ; des mises de 1,000, 2,000 ou 5,000
francs, quelquefois fruit des économies de lon-

gues années, se réunissent pour former une masse suffisante à la construction d'un navire. Cela s'est fait ainsi de temps immémorial ; aux époques les plus reculées, la navigation, en Italie, ne dut sa prospérité qu'à ce système de contribution ; dans quelques lieux de la rivière de Gênes quiconque annonçait la construction d'un navire, était tenu de recevoir pour actionnaires tous ceux qui se présentaient ; on ouvrait en outre, pour chaque bâtiment, une nouvelle souscription qui avait pour but de lui fournir une dotation appelée *la Colonne*, avec laquelle le capitaine, lorsqu'il ne trouvait pas à noliser le bâtiment à des conditions avantageuses, achetait un chargement et faisait le commerce pour le compte des souscripteurs. Au retour, on déduisait du produit de l'expédition la part attribuée au navire en représentation de fret, on remettait à l'équipage une autre part équivalente à son salaire et qui était l'objet d'une sous-répartition, selon les grades ; le reste se distribuait entre les actionnaires de la *Colonne*, et une action, sans mise de fonds, était ordinairement réservée pour la Madone. Le *Consulat de la mer* et les anciens règlements contiennent beaucoup de détails et de dispositions sur les obligations des actionnaires et sur les moyens de les forcer à verser le complément de leurs mises. Sur les bords de la Méditerranée et dans le midi de la France, les parts dans les navires s'appelaient *quirats* ou *portions*, et les propriétaires *quirataires* ou *portionnaires*. D'après le *Consulat de la mer*, compilation des usages méridionaux de la navigation, qui remonte au 12e et 13e siècle (Voir Pardessus, *Lois maritimes*, t. 2, p. 50), « quand un patron entreprendra de construire un navire grand ou petit, s'il veut donner des parts d'intérêts, il doit dire et faire entendre aux actionnaires, en combien de parties il le divisera, quelle en sera la capacité, ce qu'il aura de sentine, de largeur, de longueur et de carêne. » Chap. 47 : « Les quirataires doivent contribuer à la construction du navire, suivant les proportions dont ils sont convenus ; si quelques-uns d'entre eux ne peuvent ou ne veulent fournir leur contingent, le patron peut les y contraindre en justice ; il est aussi en droit d'emprunter pour leur compte, et d'affecter leur portion au paiement des sommes empruntées. » L'ancienne ordonnance teutonnique, art. 11, dit que « en cas que quelqu'un des bourgeois fût en demeure de fournir sa part, le maître pourra prendre argent à la grosse aventure *sur la part du bourgeois dilayant*. » Et l'art. 59 ajoute que « le maître pourra prendre argent à la grosse aventure pour ceux qui ne voudront ou refuseront de contribuer aux parts pour faire et fournir l'équipage. » (V. Emérigon, *Traité des Assurances*, t. 2, p. 427). L'ordonnance de 1681 contient aussi des dispositions sur les moyens de contraindre les propriétaires de navire à la contribution aux frais : « Si le navire était affrété du consentement des propriétaires, dit l'art. 18, titre du *Capitaine*, et qu'aucuns fissent refus de contribuer aux frais nécessaires pour mettre le bâtiment dehors, le maître pourra, en ce cas, emprunter à la grosse aventure pour le compte et sur la part des refusants, vingt-quatre heures après avoir fait sommation par écrit de fournir leur portion. » D'après l'art. 9 : « Seront affectées aux deniers pris par les maîtres pour radoub et victuaille, les parts et portions des propriétaires qui auront refusé de fournir leur contingent, pour mettre le bâtiment en état. » L'ordonnance, dit Emérigon , *Traité des Assurances*, t. **2**, p. **428**, entend parler du *maître* auquel le plus grand nombre des armateurs a déféré la direction de l'armement, et l'autorité d'exercer à ce sujet toutes les actions qui sont compétentes à eux-mêmes; car le capitaine ne devient véritablement *maître* que du moment qu'il a mis à la voile : d'où il suit que ce qui est dit ici du maître s'applique aux armateurs ; ils ont droit de prendre à la grosse sur la part du refusant.

Plusieurs de ces anciens usages et règlements ont subsisté jusqu'à nos jours, et sont même entrés dans nos Codes ; ainsi que nous l'avons dit plus haut, les navires sont encore construits aujourd'hui le plus souvent par des associés, souscripteurs ou actionnaires, quirataires ou portionnaires. Les portions sont ordinairement au nombre de **24**, chacun possède un ou plusieurs vingt-quatrièmes ; d'après l'art. **233**, C. comm., « si le bâtiment était frété du consentement des propriétaires, et que quelques-uns d'eux fissent refus de contribuer aux frais nécessaires pour l'expédier, le capitaine pourrait, vingt-quatre heures après sommation faite aux refusants de fournir leur contingent, emprunter à la grosse, pour leur compte sur leur portion d'intérêts dans le na-vire, avec autorisation du juge. »

Cependant le Code ne règle que très-impar-faitement le contrat qui a lieu entre les co-propriétaires d'un navire. Pas une seule défi-nition même n'existe de ce contrat, quoiqu'il forme certainement à lui seul une espèce toute particulière. C'est parmi les contrats de société qu'il doit être rangé : « Les constructions et armements de navires se font fréquemment, dit Vincens (*Législation commerciale*, tom. 5, p. 115), en société par actions ; c'est une commandite, et même une sorte de société anonyme (1), car la responsabilité du proprié-taire y finit en abandonnant le navire et les droits qui peuvent y être attachés. » Nous ne pouvons accepter ni ce classement, ni cette dé-finition ; il n'est pas vrai de dire que la res-ponsabilité du propriétaire finit par l'abandon du navire ; cela n'a lieu que pour la responsa-bilité provenant des fautes ou des actes du ca-pitaine ; quant aux actes des propriétaires mêmes, ou de l'armateur qui les représente,

---

(1) Les sociétés en participation s'appelaient, sous l'ancien droit, sociétés anonymes. Si c'est ainsi que l'en-tendait Vincens, la qualification était exacte ; mais il ne paraît pas que ce soit là le sens qu'il donnait au mot *anonyme*.

tous en sont responsables indéfiniment, et non jusqu'à concurrence de la valeur du navire. D'un autre côté, les associés commanditaires ne peuvent être engagés dans les faits de la société que pour le montant de leurs actions ; nous examinerons ci-après la question de savoir si les propriétaires de navires sont tenus *solidairement* pour les actes, concernant le navire, faits par les uns ou par les autres ; mais nous pouvons dire, dès à présent, que chacun d'eux en est tenu au moins dans la proportion de la part qu'il possède, et qu'il ne s'affranchit pas de cette responsabilité par le simple abandon de sa mise. Le contrat qui se forme pour la construction d'un navire n'est donc pas une société en commandite ; c'est encore moins une société anonyme, puisque chaque actionnaire peut être tenu pour une somme supérieure au montant de son action ; d'ailleurs cette société n'a pas besoin d'autorisation. — La spécialité de l'entreprise pour laquelle l'association est formée, l'écarte de la société en nom collectif ; elle ne peut donc appartenir qu'à la société *en participation.*

L'association en participation est « celle qui est relative à une ou plusieurs opérations de commerce, C. com., 48 » La construction d'un navire est une opération de commerce, C. com., 633 ; ceux donc qui s'associent pour la construction d'un navire forment entre eux une espèce d'association en participation.

Mais quoique l'association des co-propriétaires

de navires ne soit pas définie, le Code de commerce l'assujétit à quelques règles spéciales; ainsi, dans les sociétés ordinaires, un seul des co-propriétaires a le droit d'empêcher toute innovation sur la chose commune, et chacun des associés peut s'opposer à une opération avant qu'elle soit conclue, C. civ., 1859. Entre les co-propriétaires d'un navire, « en ce qui con-« cerne l'intérêt commun, l'avis de la majorité « est suivi; la majorité se détermine par une « portion d'intérêts dans le navire, excédant la « moitié de sa valeur. » C. com., 220. Mais remarquons que cette règle n'a lieu qu'en l'absence de conventions particulières, et que les associés peuvent stipuler, comme dans toute autre société, la manière dont la chose commune sera administrée. Remarquons aussi que le Code ne parle *que de ce qui concerne l'intérêt commun*, comme l'entreprise des voyages et l'expédition du navire, sa destination, le choix du capitaine et de l'équipage, la fixation des gages, la rédaction des instructions, l'affrêtement du navire, etc. — Si la majorité avait pris une délibération relative au louage du navire, ou à l'entreprise d'une expédition déterminée, la minorité aurait le droit de la contraindre à l'exécution de la délibération. (Dageville, t. 2., p. 192, Pardessus, n° 621).—Cependant si, par des circonstances imprévues ou précédemment ignorées, l'opération convenue paraissait mauvaise ou même peu chanceuse, nous ne voyons pas pourquoi la majorité serait tellement liée qu'elle ne pût y renoncer, pour en mettre une nouvelle en délibération. —L'assurance n'étant pas regardée comme un objet *d'intérêt commun*, l'obligation de faire assurer sa part dans le navire ne pourrait être imposée à la minorité, pas plus que la décision que prendrait la majorité d'acheter ou d'expédier un chargement pour le compte de l'association. Une pareille décision ne serait obligatoire que si l'association avait été formée précisément dans ce but; dans le cas contraire, la minorité, malgré son refus de contribuer au chargement, n'aurait pas moins droit de réclamer sa part dans le fret que la majorité serait tenue de payer, à dire d'experts, à raison du chargement par elle fait. (Valin, sur l'art. 5, tit. 8, liv. **2** de l'ordonnance; Delvincourt, t. **2**, p. **183**; Dageville, t. **2**, p. **152**; Pardessus, n° **621**.) Emérigon pense que si la majorité était d'avis du désarmement et de la discontinuation des voyages, la minorité pourrait se faire autoriser par justice à faire naviguer le navire; il se fonde sur ce que c'est supprimer l'usage du navire que de le laisser inutile dans le port, et sur ce que la majorité ne pourrait être autorisée à prendre une décision absolument contraire au but de l'association, Valin, t. **2**, p. **549**, et Dageville, t. **2**, p. **154**, combattent cette opinion comme contraire au texte de la loi. — Ainsi que nous l'avons vu plus haut, la majorité, pour contraindre ceux des intéressés qui se refuseraient à contribuer aux dépenses délibérées pour les besoins du navire, peut se faire autoriser à emprunter à la grosse le contingent des refusants, avec affectation de leur part dans la propriété du navire, C. com., 235. — Mais l'aliénation volontaire du navire ne pourrait valablement être décidée que par l'unanimité. Si cette unanimité ne peut être obtenue, la licitation est la seule ressource. (Pardessus, n° 623.) — La licitation ne peut être accordée que sur la demande des propriétaires formant ensemble la moitié de l'intérêt total dans le navire, s'il n'y a par écrit convention contraire ; nous reviendrons ci-après sur cette disposition.

Quelle est la forme du contrat qui constate l'association des co-propriétaires de navires ? Un acte écrit est-il nécessaire ? Une distinction est à faire entre la manière de constater ces droits à l'égard des associés entre eux, et de les constater à l'égard des tiers. — Les droits entre associés co-propriétaires de navires peuvent se constater par toute espèce d'actes écrits, par les livres des négociants, et même, en l'absence d'écrits, par la preuve testimoniale. La preuve testimoniale est autorisée en matière commerciale à quelque taux que monte la demande, il est admis que le juge peut toujours la rejeter ou l'admettre, suivant les circonstances de la cause, et notamment pour établir l'existence d'une société en participation. « Les associations en « participation peuvent être constatées par la re- « présentation des livres, de la correspondance, « ou par la preuve testimoniale, si le tribunal « juge qu'elle peut être admise. » C. com., 49. Cependant le texte de nos lois suppose qu'un acte de propriété doit être dressé; l'art. **226** du Code de commerce porte que « le capitaine est « tenu d'avoir à bord *l'acte de propriété du na-* « *vire,* » c'est-à-dire l'acte, soit de vente, soit de construction, qui constate les droits des proprié- taires du navire; mais cette disposition de l'art. **226** est impraticable, car cet acte, quand il existe, reste au bureau où l'acte de francisa- tion est délivré; et la présence de l'acte de pro- priété à bord serait d'ailleurs surabondante, car l'acte de francisation, qui est la pièce essentielle au capitaine, porte le nom des propriétaires.

A l'égard des tiers, il faut une preuve plus authentique et plus sûre; dès le commence- ment de notre droit maritime, on a pensé que le propriétaire était garant des engagements du capitaine, au moins jusqu'à concurrence de ses droits dans le navire, il fallait non-seulement que ce propriétaire fût connu aux yeux de tous, mais que partout où se transporterait le navire on pût savoir d'une manière certaine à qui il appartenait. « Avant de mettre un vaisseau en armement pour l'Amérique, de même que pour toute autre navigation, il faut que l'armateur déclare devant les officiers de l'amirauté que le navire lui appartient en tout ou en partie, et, dans le cas qu'il n'y a qu'une portion, qu'il la fixe avec énonciation spécifique que le vaisseau appartient à tels ou tels, tous Français, sans qu'aucun étranger y ait pris part directement ou indirectemement, le tout conformément à l'ordonnance du **22** mai **1671**, au règlement du **24** octobre **1681**, art. **4** et **5**, aux lettres-patentes du 17 janvier 1703, au règlement du 1er mars 1716, et à l'ordonnance du 18 janvier 1717 : c'est ce qu'on appelle la déclaration de propriété du vaisseau. » (Commentaire de l'ordonnance de la marine, par Valin, t. 1er, p. 404 et 405.)

Ces dispositions ont été renouvelées par le décret des 27 vendémiaire-1er brumaire an 2. L'art. 9 de ce décret porte : « Les bâtiments de trente tonneaux et au-dessus auront un congé, où seront la date et le numéro de l'acte de francisation, qui exprimera les noms, état, domicile du propriétaire, et son affirmation qu'il est seul propriétaire (ou conjointement avec des Français, dont il indiquera les noms, état et domicile), le nom du bâtiment, du port auquel il appartient, le temps et le lieu où le bâtiment a été construit, ou condamné, ou adjugé. ...» D'après l'art. 10, « ces congés et actes de francisation seront délivrés au bureau du port ou district auquel appartient le bâtiment. » D'après l'art. 17, « les ventes de parties du bâtiment seront inscrites au dos de l'acte de francisation par le préposé du bureau, qui en tiendra registre. » L'art. 22 ajoute : « Après la publication du présent décret, aucun bâtiment français ne pourra partir du port ou district auquel il appartiendra sans acte de francisation et congé. » Enfin, d'après l'art. 226 du Code de commerce, « le capitaine est tenu d'avoir à bord l'acte de propriété du navire et l'acte de francisation. » Nous ne reviendrons pas sur ce que nous avons dit, quant à l'impossibilité d'avoir l'acte de pro-

priété sur le navire; quant aux autres dispositions, elles étaient commandées par l'équité et
par la prudence; il fallait qu'en effet, sur quelque mer que le navire voguât, en quelque port
qu'il arrivât, le capitaine, qui avait le droit
d'engager les propriétaires du navire pour les
besoins du navire, pût faire connaître ces propriétaires et fût toujours porteur d'un acte authentique qui attestât leur nom. Aussi a-t-il été
décidé que les propriétaires de navires dont le
nom est inscrit sur l'acte de francisation, sont
garants (dans les limites de leur responsabilité,
telle qu'elle est définie par la loi) des engagements contractés par le capitaine, lors même
que le navire a passé en d'autres mains; et la
cour de Rouen, par arrêt du 23 janvier 1841
(Dall., 41-2-105), a jugé que les poursuites, à
défaut de paiement d'un emprunt à la grosse,
et la saisie et la vente d'un navire, sont valablement dirigées contre celui que l'acte de francisation déclare propriétaire du navire, bien qu'il
établisse qu'il ne l'est plus et qu'il n'a même
possédé le navire que comme membre d'une
association. — Mais de ce que l'action serait
fondée contre le faux propriétaire indiqué par
l'acte de francisation, il ne s'ensuivrait pas
qu'elle ne le serait pas également contre les vé-
ritables propriétaires; le premier reste obligé, en
ce que les tiers, n'ayant connu que lui par l'acte
de francisation, se sont engagés sous sa garantie, et les seconds sont tenus de l'engagement,
en ce qu'il a été contracté par leur préposé,
par leur mandataire, et en ce qu'ils en ont profité.

Nous avons tâché de définir l'association qui se forme pour la construction d'un navire; c'est une association en participation qui doit être régie par les règles sur la participation ordinaire, excepté lorsque le Code de commerce y a dérogé. La principale exception à ces règles consiste en ce que, concernant l'intérêt commun, l'avis de la *majorité* est suivi, *majorité* qui se détermine par une portion d'intérêt dans le navire excédant la moitié de sa valeur; nous ajouterons, en ce que les propriétaires ne sont responsables des faits du capitaine, leur préposé, que jusqu'à concurrence de la valeur de leur portion dans le navire (C. com., **216, 234, 298** ; — Loi des **14-17** juin **1841**); enfin, en ce que même à l'égard des engagements pris par l'armateur ou par l'associé gérant, les propriétaires ne sont également tenus que selon la valeur de leur portion. Ces deux dernières exceptions seront examinées et discutées ci-après : la première avait donné lieu pendant longtemps à de grandes dissidences entre les jurisconsultes, et les cours des tribunaux. La loi du **17** juin **1841** y a mis fin. La seconde n'est pas encore généralement admise, et l'on peut dire que la responsabilité des co-propriétaires de navires, relativement aux engagements pris par l'armateur, est loin d'être bien déterminée.

Une question importante reste à résoudre avant de terminer ce premier chapitre : c'est celle de savoir comment, lorsque la *majorité* ne peut se déterminer par une portion d'intérêts excédant la moitié de la valeur du navire, ou que les avis se trouvent partagés en deux moitiés égales, se décidera l'intérêt commun? Ce cas se présentera rarement, parce que les propriétaires donnent ordinairement à l'un d'eux mandat de diriger et de commander toutes les opérations du navire; il n'est guère de navire qui n'ait son armateur chargé des pouvoirs de tous les autres co-propriétaires. D'un autre côté, s'il arrivait que les propriétaires fussent tellement divisés que l'avis de la majorité ne pût se former, les opérations du navire se trouveraient arrêtées, la spéculation paralysée, et il est probable que ce funeste effet réunirait les opinions; si cependant enfin ces opinions ne pouvaient se réunir, il y aurait lieu à mettre en délibération la licitation du navire. Suivant l'art. 220 du Code de commerce, « la licitation du navire ne peut-être accordée que sur la demande des propriétaires formant ensemble la moitié de l'intérêt total dans le navire, s'il n'y a, par écrit, convention contraire. » C. com., 220. Un auteur a pensé (Dageville, t. 2, p. 159) que cette disposition, se trouvant dans l'art. 220, immédiatement après ce qui concerne *l'intérêt commun des propriétaires d'un navire,* n'avait eu pour but que de remédier à l'inconvénient du partage *égal* des voix, relativement aux opérations du navire, et que la licitation ne pourrait être ordonnée que sur la demande des propriétaires représentant la moitié, *ni plus ni moins,* des intérêts. Nous ferons observer qu'il serait peut-être tout aussi difficile, et même plus, de réunir la *moitié exacte* des voix, selon l'intérêt de chacun dans le navire, pour parvenir à la licitation, que de réunir la majorité pour arriver à entreprendre une opération. Nous croyons donc que le législateur a voulu tout simplement dire que la licitation d'un navire ne pourrait avoir lieu que si elle était demandée par une partie des intéressés, représentant *au moins la moitié* des intérêts dans le navire; mais alors reste toujours la difficulté de savoir comment on sortira de l'embarras de régler les opérations du navire, lorsque les voix seront *également* partagées, ou qu'on ne pourra arriver à former une majorité. Si la licitation proposée par une partie des membres de l'association n'était pas admise, il y aurait lieu, nous le pensons, à mettre les récalcitrants en demeure et à les appeler devant les tribunaux pour la voir ordonner. L'art. 220 n'a pu prévoir que les cas ordinaires de licitation, et non ce cas évidemment contraire au but essentiel de la société, où le navire resterait sans emploi par suite du désaccord qui existerait entre ses co-propriétaires.

CHAPITRE II.

De l'armateur. — Le Code de commerce confond l'armateur avec les propriétaires de navire. — Armateurs-propriétaires. Armateurs-locataires. Armateurs-fréteurs. — Caractère du mandat de l'armateur. — Responsabilité des co-propriétaires relativement aux engagements de l'armateur. Leur responsabilité quant aux faits du capitaine qui retombent sur l'arma-

teur. Responsabilité de l'armateur quant à ses fautes vis-à-vis des co-propriétaires. — Des actions contre l'armement et de celles intentées par l'armement. Peuvent-elles être dirigées contre le capitaine?

Quelque connu que soit dans la pratique commerciale le nom d'*armateur*, le Code de commerce l'a passé sous silence, et il fait une confusion continuelle entre la qualité d'armateur et celle de propriétaire de navire. Nous avons dit ci-dessus que, le plus souvent, les propriétaires d'un navire chargent l'un d'entre eux de diriger ses opérations, de pourvoir à l'armement, de partager les produits, en un mot, de tout ce qui regarde la gestion des affaires de l'association; c'est cette personne, ainsi chargée de représenter toutes les autres, qui a reçu le nom d'*armateur*, il arrive aussi quelquefois que l'*armateur* n'a aucun droit dans la propriété du navire, et qu'il ne se charge que des frais de l'armement et de la direction, il est alors *armateur-locataire, fréteur ou affréteur*. — L'armateur-fréteur est, à l'égard du capitaine qu'il nomme, à l'égard du sous-fréteur auquel il loue tout ou partie du navire, au lieu et place du propriétaire; celui-ci ne répond, dans ce cas, ni des obligations de l'armateur ni de celles du capitaine, mais son navire y est engagé sauf son recours contre l'armateur.

Lorsque l'armateur agit comme mandataire de ses co-associés ou co-propriétaires, ses pouvoirs sont définis par son mandat ou par les usages du commerce, il est ordinairement investi de tous les droits que le Code attribue aux propriétaires; il les exerce seul, le capitaine nommé par lui seul, lui doit compte comme à l'association entière. — Il est à regretter que le Code de commerce n'ait pas défini l'espèce de mandat que les propriétaires donnent à l'armateur; cela tient à ce qu'il s'est trop peu occupé, ainsi que nous l'avons déjà fait remarquer, de l'association qui se forme entre les co-propriétaires de navires. Rien de plus vague, en effet, que les rapports qui existent entre ceux-ci et l'armateur. Les auteurs sont divisés sur toutes les questions qui s'y rattachent et notamment sur l'*étendue* de la responsabilité des propriétaires des navires relativement aux engagements pris par l'armateur. Chaque propriétaire peut être, en effet, responsable de ces engagements, ou *jusqu'à concurrence seulement de sa part dans le navire*, ou *indéfiniment suivant la proportion de son intérêt dans le navire*, ou *solidairement*. Cette question mérite d'être étudiée ; car la responsabilité qu'entraîne pour les propriétaires la gestion de l'armateur est, selon les cas, fort étendue ; ils peuvent avoir à répondre, par exemple, de l'inexécution de l'affrétement consenti par l'armateur, des retards apportés au départ du navire, des dommages-intérêts provenant de l'abordage ou des faits du capitaine, du paiement des emprunts, ou du prix des marchandises vendues en cours de voyage pour le besoin du navire. Dans les circonstances où la loi permet l'abandon du navire et du fret pour s'affranchir de la responsabilité, l'abandon déclaré contre les intérêts de l'association, ou non déclaré, lorsque l'intérêt des propriétaires l'ordonnait, peut être une source de responsabilité ou de dommages considérables. Nous avons dit que l'association qui se forme entre les co-propriétaires de navire a le caractère de la *participation*; dans la *société en participation*, les associés sont-ils tenus indéfiniment et solidairement des obligations contractées par l'un d'eux, soit au nom de la société, soit en son nom personnel? Plusieurs arrêts ont jugé que la garantie solidaire existe si les engagements ont été pris dans l'intérêt de la société (Voyez entre autres, Cass., 26 mars 1847; req., Sir., 18-1-53; 18 nov. 1829; req., Dall., 29-1-415; cour. roy. de Bordeaux, 31 août 1851; Dall., 52-2-20). Cependant, si le tiers, qui a traité avec l'un desp articipants n'a connu que lui, et a entièrement ignoré l'intérêt que d'autres avaient dans le contrat, on pense que, n'ayant pas compté sur leur garantie, il n'a aucun recours contre eux en dehors de l'intérêt qu'ils possèdent dans l'association même. Un arrêt de la cour de cassation du 9 janvier 1821; req., Sir.,22-1-77, et deux arrêts de la cour de Paris des 9 août 1851; Dall., 31-2-209, et 22 nov. 1854; Dall., 55-2-77, peuvent être invoqués à l'appui de cette seconde opinion. Nous ajouterons que la société en participation ne se manifeste pas sous un nom ou sous une raison sociale, mais sous le nom des associés qui gèrent ou opèrent pour les autres ; que ceux-ci seuls sont présumés connus des tiers ; que, notamment, dans l'association qui se forme pour la construction ou l'exploitation d'un navire, l'armateur est le seul avec lequel on traite, le seul dont on s'enquière et dont on suive réellement la garantie. — Si au lieu de considérer l'armateur comme associé-gérant d'une société en participation, on le considère simplement comme mandataire, en pourra-t-on conclure avec plus de raison que les co-propriétaires ou les mandants seront solidaires ? « La solidarité ne se présume point ; il faut qu'elle soit expressément stipulée ; cette règle ne cesse que dans le cas où la solidarité a lieu de plein droit, en vertu d'une disposition de la loi (C. civ., art. 1202). — Or, aucune disposition de la loi ne prononce la solidarité des mandants relativement aux obligations contractées en leur nom par leur mandataire ; il faudrait, pour que la solidarité eût lieu, qu'ils fussent, dès le principe et à part le mandat, débiteurs solidaires de celui avec lequel le mandataire a traité en leur nom; le fait d'agir par un mandataire au lieu d'agir en personne, ne peut changer le caractère et l'étendue de l'obligation. — On doit donc remonter au caractère du contrat d'association qui s'est formé entre les co-propriétaires, y compris l'armamateur, et en déduire les règles de la responsabilité.

Boulay-Paty (t. 1-554) pense que la solida-

1**

rité naît du contrat même ; Dageville, au contraire, est d'avis que la garantie de chaque
propriétaire ne saurait excéder l'intérêt qu'il
a dans le navire, de sorte que, par l'abandon
de cet intérêt, il peut se soustraire aux actions
dirigées contre lui à raison des engagements
de l'armateur ; il s'appuie sur ce que des intéressés, étrangers à toute gestion, ne sauraient
être plus responsables que des associés commanditaires ou des membres d'une société anonyme ; sur ce que le système contraire nuirait
à la formation des sociétés nautiques, sur ce
que le co-propriétaire, qui a consenti à fréter le
navire, peut, suivant l'art. 255, C. comm., refuser sa contribution à l'armement, sans que
son refus entraîne pour lui d'autre résultat que
la perte possible *de son intérêt dans le navire* ; il
donne encore pour motif de son opinion le
droit d'abandon que l'art. 216 accorde aux
propriétaires de navire pour les faits et engagements du capitaine, il voit dans le droit
d'abandon l'adoption du principe qu'aucun des
propriétaires ne peut être exposé à perdre au-
delà de ce qu'il a voulu mettre en risques.
Ce dernier motif est le seul qu'invoquent
MM. de Villeneuve et Massé, qui, dans leur
Dictionnaire du contentieux commercial, ont embrassé l'opinion de M. Dageville. « Si, disent-
ils, au mot *Armateur*, n° 7, le propriétaire
peut dégager sa responsabilité au moyen de
l'abandon du navire et du fret, le co-propriétaire doit pouvoir également dégager la sienne,
en faisant l'abandon de sa part dans la co-pro-

priété du navire et du fret, d'où la conséquence nécessaire que sa responsabilité n'est
pas engagée au-delà de la valeur de cette co-
propriété. » Ces deux auteurs ont fait une confusion complète des obligations contractées par
l'armateur ; ainsi que nous le verrons au paragraphe suivant, l'art. 216 n'admet l'abandon
que relativement aux obligations provenant des
faits et engagements *du capitaine*, et cet abandon a été autorisé en faveur de l'armateur lui-
même ; l'autorisation d'abandon est fondée sur
ce que l'armateur ne peut surveiller le capitaine
en cours de voyage, ni révoquer son mandat ;
il n'existe donc aucun rapport entre le droit
d'abandon dans ce cas, et les limites de garantie qui doivent être accordées aux co-propriétaires à raison des engagements de l'armateur.
— Entre les deux opinions extrêmes dont l'une
impose la solidarité, dont l'autre admet l'affran-
chissement de toute responsabilité pour les engagements de l'armateur par l'abandon de ce
que possède chaque propriétaire dans le navire,
nous adopterons un moyen terme ; nous pensons, en effet, que la garantie des co-propriétaires n'est pas *solidaire*, mais qu'elle est *indéfinie et proportionnelle à leur intérêt dans le navire* ; comme ils sont portés sur l'acte de propriété, au moins sur l'acte de francisation du
navire (V. plus haut, p. 16), on ne peut dire
qu'ils sont inconnus à ceux qui ont traité avec
l'armateur ; leur garantie a donc pu être suivie ; d'ailleurs, s'ils n'étaient pas responsables
indéfiniment, tout le poids de la responsabilité,

après épuisement de la valeur du navire, retomberait sur l'armateur, qui n'aurait pas, lui, la faculté de se libérer, par l'abandon, des engagements qu'il aurait personnellement contractés; l'armateur non coupable de faute dans la gestion, se plaindrait avec raison d'un pareil système; on pourrait dire tout au plus qu'engagé seul envers les tiers il pourrait être seul actionné par ceux-ci, mais il aurait nécessairement son recours contre ses co-intéressés; les tiers, même en cas d'insuffisance de garantie de l'armateur, actionneraient, à bon droit, les co-propriétaires. Le Code, qu'on veuille bien le remarquer, ne dit jamais *l'armateur* est ou n'est pas engagé; il parle toujours des *co-propriétaires*; ce sont les co-propriétaires qu'il déclare responsables; c'est à eux qu'il confie la nomination du capitaine et toute la gestion. Enfin les co-propriétaires *profitent* du bénéfice des expéditions, n'est-il pas juste aussi, dès-lors, qu'ils contribuent aux pertes.

Cependant, ne pourrait-on pas dire qu'il n'y a, entre les divers propriétaires du navire, qu'une *co-propriété* et non une *association*; que les co-propriétaires, qui ne prennent aucune part à l'administration, ne répondent, par conséquent, que jusqu'à concurrence de leurs droits dans le navire: cela serait vrai si le navire était loué à un armateur *locataire, fréteur* ou *affréteur*, les bénéfices des propriétés seraient alors bornés à une somme fixe, le prix du loyer du navire; mais lorsque l'armateur est chargé de gérer pour ses co-propriétaires, lorsque ceux-ci profitent des opérations, il y a entre eux une véritable *association* et l'on ne peut borner leur responsabilité à celle de *simples co-propriétaires*.

Mais la responsabilité des co-propriétaires ne va pas, nous le croyons, jusqu'à la *solidarité* : nous avons cité l'article du Code civil d'après lequel « la solidarité ne se présume pas : il faut qu'elle soit exprimée par la loi ou par la convention » si la solidarité avait lieu, de plein droit, *entre les associés en participation*, nous regarderions les co-propriétaires de navires comme solidaires, mais on a vu combien, sur ce point, la jurisprudence est incertaine; rien dans la loi n'autorise à considérer les associés en participation comme solidaires. « Ces associations ont lieu aux conditions convenues entre les participants. » (C. comm., art. 48.) Or, d'après les usages du commerce maritime, ceux qui contribuent à la construction et qui deviennent co-propriétaires d'un navire, n'ont pas l'intention de s'engager jusqu'à la solidarité. Si chaque co-propriétaire, étranger à la direction du navire, à la nomination du capitaine, aux engagements pris par l'armateur, était cependant obligé de répondre solidairement de ces engagements, des opérations et de leurs suites, il est certain que ces sortes d'associations, sans lesquelles le commerce maritime ne peut exister, deviendraient impossibles; il faut donc regarder *l'armateur* comme un mandataire nommé pour gérer la chose commune; comme il est lui-même propriétaire de cette chose, comme il ne fait pas toujours connaître son mandat aux tiers, ceux-ci peuvent, suivant les cas, le faire déclarer seul responsable de ses engagements, mais il a son recours contre ses co-intéressés et les tiers peuvent même actionner ceux-ci directement. Nous pensons donc que les co-propriétaires de navires, quirataires ou portionnaires, ne sont pas tenus solidairement des engagements de l'armateur, mais qu'ils le sont indéfiniment proportionnellement à leur intérêt ou à leur portion dans le navire. Nous reviendrons sur cette question ci-après, ch. 5, art. 16, § 2.

Quant aux engagements contractés par le *capitaine*, et qui retombent sur *l'armateur*, l'art. 216, C. comm., permet aux co-propriétaires et à l'armateur lui-même de s'en affranchir en abandonnant le navire et le fret ; mais s'ils ne s'en affranchissent pas, chacun n'en sera encore tenu que selon son intérêt dans le navire. Les principes que nous avons développés, relativement à la responsabilité des propriétaires, résultant des engagements directs de l'armateur, s'appliquent à la responsabilité provenant des obligations et des faits du capitaine, puisque les co-propriétaires n'y sont engagés que parce que l'armateur y est engagé lui-même.

Le mandat donné à l'armateur n'est pas ordinairement gratuit ; il s'ensuit qu'aux termes de l'art. 1992, C. civ., la responsabilité relative à ses fautes doit lui être rigoureusement appliquée. Il a été jugé le 10 déc. 1855 par la cour de Montpellier, Dall., 58-2-195, que les armateurs d'un navire, chargés en cette qualité de la gestion et administration de ce navire, à l'exclusion des autres propriétaires, sont responsables de la perte occasionnée à ceux-ci par le naufrage du navire, s'il ne les avait pas prévenus du changement de destination, lorsque ces co-propriétaires, qui avaient fait assurer leur intérêt dans le navire, n'ont pas pu, à raison de ce changement de destination, utiliser leur assurance.

Les actions relatives à l'armement et aux opérations du navire peuvent toujours être dirigées contre l'armateur. Il représente, sous ce rapport, l'association comme un véritable gérant; les formalités qu'il remplit sont considérées comme remplies par tous les associés et leur profitent; celles qu'il néglige de remplir compromettent l'association entière. —Quant aux actions à intenter, ou à la défense des actions intentées le capitaine peut remplacer l'armateur. Malgré la maxime : « Nul en France ne plaide par procureur, » il a toujours été reçu dans la procédure commerciale que les actions *relatives à l'expédition* peuvent être régulièrement intentées par le capitaine et dirigées contre lui. M. Fremery (p. 197) ajoute à cette observation que cet usage vient sans doute de l'antique coutume commerciale qui considérait le capitaine comme l'unique gérant responsable de l'expédition : *lo senyor de la nau.* Le créancier, dit Dageville, t. 2, p. 139, peut à son choix s'adresser au capitaine ou à l'armateur, ou à toús les deux conjointement ; mais les condamnations prononcées contre le capitaine, qui a contracté pour les besoins de l'expédition, ne peuvent être poursuivies contre sa personne, ni sur ses biens; elles ne peuvent être mises à exécution directement que par la saisie du navire qui lui est confié, si c'est l'armateur qui est poursuivi, il peut faire mettre le capitaine en cause pour avouer ou contester la demande. La marche la plus simple est d'obtenir condamnation contre le capitaine, et de faire ensuite déclarer le jugement exécutoire contre l'armateur.

CHAPITRE III.

Responsabilité des armateurs et des propriétaires de navires quant aux faits et actes du capitaine. — Loi des 14-17 juin 1841. — Principes, caractère et objet de la responsabilité sous l'ordonnance de 1681 et avant les changements opérés dans le Code de commerce. Divergence d'opinions. Source de cette divergence. — De la responsabilité chez les nations étrangères. — Changements apportés par la loi nouvelle. — De la responsabilité et du droit d'abandon à l'égard des prêteurs ordinaires et des prêteurs à la grosse. — A l'égard des chargeurs ou affréteurs. — De l'opposition des chargeurs à la vente ou à la mise en gage de leurs marchandises et de la contribution entre eux. — Des droits des chargeurs contre les assureurs en cas d'abandon. — De la responsabilité du capitaine,

*propriétaire ou non propriétaire du navire. —
De l'abandon. En quoi il consiste. Par qui et à
qui doit-il être fait. Délai. — De la responsabilité de l'armateur à l'égard des co-propriétaires relativement à l'abandon. — Historique
de la loi nouvelle. Son influence sur le commerce
maritime.*

Nous avons traité, dans le paragraphe qui
précède, de la responsabilité des propriétaires
de navires, quant à la gestion de l'armateur;
nous nous occuperons dans ce paragraphe, de
la responsabilité des propriétaires de navires et
de l'armateur lui-même, *quant aux faits et engagements du capitaine.*

Notre intention est de nous étendre sur ce
sujet, d'approfondir les changements qui ont
été apportés à la législation, de bien fixer le sens
de la loi nouvelle et l'intention du législateur,
en comparant le texte aux discussions qui ont
eu lieu aux chambres; de traiter, en un mot,
complètement cette matière jusqu'ici à peine
effleurée.

ART. 1er. — Principe de la responsabilité des armateurs
et des propriétaires de navires.

L'armateur répond de tous les faits qui lui
sont propres; tout engagement signé par lui,
toute obligation qu'il contracte, doivent être
remplis sous la garantie, non-seulement du navire, mais de tout ce qu'il possède, en vertu de
ce principe, « quiconque s'est obligé personnel-

lement est tenu de remplir son engagement, sur tous ses biens mobiliers et immobiliers, présents et à venir. (C. civ., 2092.)—Nous répondons non-seulement de nos propres engagements, mais de ceux qui sont contractés pour nous et en notre nom. « Le mandant est tenu d'exécuter les engagements contractés par le mandataire, conformément au pouvoir qui lui a été donné; il n'est tenu de ce qui a pu être fait au-delà, qu'autant qu'il l'a ratifié expressément ou tacitement. » (C. civ., 1998.) «Les maîtres et les commettants sont responsables du dommage causé par leurs domestiques et préposés dans les fonctions auxquelles ils les ont employés. » (C. civ., 1384.) — Telles sont les règles générales du droit; elles ont reçu des modifications importantes, à l'égard de la responsabilité des propriétaires de navires, relativement aux faits et engagements du capitaine. — Faisons d'abord observer que le capitaine a la double qualité de *mandataire* et de *préposé de l'armateur*; comme mandataire, il oblige l'armateur par les engagements qu'il contracte dans sa gestion pour la conduite et pour les besoins du navire; comme préposé il engage l'armateur par et pour ses *faits* de capitaine; mais lorsque le mandant ordinaire et le commettant répondent d'une manière illimitée des engagements contractés par leur mandataire ou des faits de leur préposé, l'armateur ne répond des engagements et des faits du capitaine que dans les cas et dans les limites déterminés par la loi.

Cette restriction a été commandée par l'espèce particulière de rapports qui existe entre le capitaine et l'armateur. Le mandat de l'armateur est forcé ; il est obligé de choisir le capitaine parmi les hommes que la loi signale à sa confiance, il ne peut le suivre dans sa gestion au milieu des mers lointaines ; il ne saurait donc, faculté toujours accordée au mandant ordinaire, révoquer son mandat ; enfin, si le capitaine vient à périr pendant le voyage, c'est une autre personne, le plus souvent inconnue à l'armateur, qui succède au mandat. Ce sont ces considérations qui ont nécessité des modifications indispensables dans le contrat de gestion qui se forme entre le capitaine et l'armateur.

ART. 2. — Caractère et objet de la responsabilité. — Faits du capitaine. — Engagements.

Ainsi que nous l'avons dit, l'armateur est responsable et comme commettant et comme mandant ; de là deux espèces de responsabilité bien différentes : le commettant répond des faits, et non des engagements ; le mandant répond des engagements qui ont eu lieu pour l'exécution du mandat et non des faits qui seraient la faute personnelle du mandataire.

Quant aux *faits*, la responsabilité des propriétaires est *civile* ; elle ne peut jamais être *criminelle*, à moins que le propriétaire n'ait été *complice*. On entend par *faits* du capitaine les dommages qu'il cause par sa faute dans le commandement du navire ; comme les contraventions en matière de douanes, aux lois sur le cabotage, le dommage causé par l'abordage, etc.

« Les propriétaires de navires équipés en guerre « ne sont responsables des délits et déprédations « commis en mer par les gens de guerre qui « sont sur leur navire, ou par les équipages, « que jusqu'à concurrence de la somme pour « laquelle ils auront donné caution, (conformé- « ment à l'arrêté du 2 prairial an 11), à moins « qu'ils n'en soient participants ou complices. » Code comm., 217.

Quant aux *engagements*, la responsabilité naît le plus souvent ou de l'inexécution de l'affrétement consenti par le capitaine, ou des retards apportés au départ du navire, ou des emprunts ou des contrats à la grosse, ou de la vente des marchandises en cours de voyage pour les besoins du navire.

ART. 5. — De la responsabilité sous l'ordonnance de 1681 et avant les changements opérés dans le Code de commerce. — Divergence d'opinions. — Sources de cette divergence.

L'art. 216, C. comm.; portait avant d'avoir été modifié par la loi du 17 juin 1842 : «Tout propriétaire de navire est *civile- « ment* responsable des faits du capitaine « pour ce qui est relatif au navire et à l'expé- « dition; la responsabilité cesse par l'abandon « du navire et du frêt. » Sous l'empire de cet article de grandes divergences se sont éle- vées relativement à l'étendue de sa dispo- sition.

Plusieurs ont pensé que les propriétaires de navires n'étaient tenus sur leurs biens ni des faits, ni des engagemens du capitaine; que la responsabilité cessait, *dans tous les cas*, par l'abandon du navire et du fret; d'autres au contraire ont été d'avis qu'il fallait *distinguer* : que les faits *licites* du capitaine, les *engagemens pris par lui* dans l'intérêt de l'expédition, produisaient une obligation dont les armateurs étaient tenus absolument et sur tous leur biens comme le sont ordinairement les mandans à l'occasion des engagemens de leurs mandataires, et que la faculté de se libérer par l'abandon du navire et du fret n'était accordée que pour les cas où l'obligation naissait de faits *illicites* du capitaine.

La cour de Rennes, les tribunaux de Marseille et du Havre avaient adopté la première opinion; le tribunal de Dieppe, la cour de Rouen et la cour de cassation avaient embrassé la seconde; la jurisprudence se trouvait même fixée par trois arrêts de la cour de cassation des 16 juillet 1827 (Dall., 27-1-307; 14 mai 1833., Dall., 33-1- 248; et 1er juillet 1834 Dall. 34-1-294), qui avaient décidé que l'armateur est personnellement tenu *sur tous ses biens de terre* des engagemens contractés par le capitaine, et qu'il ne peut s'affranchir par l'abandon du navire et du fret que des obligations du capitaine qui seraient le résultat *d'une infraction à ses devoirs.*

2

La controverse qui existait sous l'empire de la première rédaction de l'art. 216 du code de commerce venait de plus haut. L'ordonnance de la marine de 1681 était en effet conçue à peu près dans les mêmes termes ; elle portait, liv. 2, titre. 8, art, 2, « que les proprié-» taires de navires seraient responsables des » *faits* du maître, mais qu'ils en demeureraient » déchargés, en abandonnant leur bâtiment » et le fret. » Cette disposition avait aussi été diversement interprétée ; les Provençaux, ayant Emérigon à leur tête, prétendaient que la responsabilité *illimitée* des propriétaires n'avait lieu ni dans le cas de délit ou quasi dé-lit, ni dans le cas d'engagement du capitaine (Emérigon, *Contrats à la grosse*, chap. 4, sect. 11). Au contraire, tout le nord de la France, dont Valin était l'interprète, *restraignait le droit d'abandon* aux seuls cas où le capi-taine aurait manqué à ses devoirs.

Cette première scission sous l'ordonnance prenait encore sa source dans un droit et dans des usages plus anciens ; en effet, dans le nord de la France et de l'Europe, les prin-cipes du droit romain avaient été conservés. Or, à Rome, l'armateur d'un navire, *exercitor*, était personnellement tenu des engagemens du patron, lorsque ce patron avait contracté dans l'exercice de son mandat ; il répondait même, et d'une manière aussi illimitée, des délits et quasi-délits du patron et des gens de l'équipage. (*Digeste*, liv 1er, pr. § 7 et 8 *de Exercit. act.*) — Ces principes furent adoptés au moyen âge en France, où le Digeste servait de règle à tous les contrats : cependant une modification s'introduisit relativement à la responsabilité provenant des délits et quasi-délits du capitaine ; les ordonnances de février 1415 (Charles V), art. 17, de 1543 (François Ier), art. 44, et de 1584 (Henry III), art. 71, limitent la responsabilité des propriétaires d'un bateau ou d'un navire, à raison des *dommages* causés par son préposé, à la valeur du bateau ou du navire. Les *Rôles d'Oléron*, compilation très ancienne des usages du commerce maritime, adoptés surtout sur les côtes de l'Océan et dans la mer du Nord, ne contenaient aucune disposition contraire au droit romain. — Il n'en fut pas de même dans le midi; très anciennement le contrat de *commande* s'introduisit dans toutes les relations commerciales et maritimes des villes de la Méditerranée. Ce contrat consistait à confier à un marin ou à un marchand faisant des voyages maritimes un fonds en argent ou marchandises, pour le convertir par vente ou troc en d'autres marchandises ou en argent, moyennant ou une commission, ou une part d'intérêt. Les commandans n'étaient responsables que des fonds qu'ils confiaient ou de leur mise. De même, le capitaine dans les ports de la Méditerranée, investi de l'entière confiance des copropriétaires de nares, était chargé de gérer seul et en son nom, comme un *commandataire*, tout ce qui concernait le navire, son expédition et son entretien. (V. Frémery, *Etudes de droit commercial*, ch. 5 et ch. 27.) D'après le Consulat de la mer, compilation d'usages maritimes contemporaine des Rôles d'Oléron, et qui fut pour les ports de la Méditerranée ce que les Rôles d'Oléron furent pour les ports de l'Océan, le capitaine qui avait fait des emprunts en cours de voyage en était personnellement tenu, et si le navire se perdait, le prêteur ne pouvait rien demander aux propriétaires. (1)

Ainsi, dans les ports de l'Océan, on regardait le capitaine comme *simple mandataire* de l'armateur ou des propriétaires ; dans les ports de la Méditerranée au contraire on le regardait comme *maître du navire* et chargé

----

(1) *Si lo senyor de la nau haura diners seis o d'altre..., ell es tengut de pagar aquell prestador... Si abuns aquella manleuta sia pagada, la nau se perdrà, personer alguno n'es tengut de res a retre à aquell qui prestat hi haurá, pus que la nau sera rota è perduda.....* C'est à dire si le maître du navire a des deniers siens ou d'autrui, il est tenu de payer le prêteur..... Si avant que cet emprunt soit payé le navire se perd, aucun portionnaire n'est tenu de rien rendre à celui qui aura prêté, puisque le navire sera rompu et perdu.... (Frémery, ch. 27,-- Pardessus, Lois maritimes, Consulat, ch. 194 à 239, t. 2, p. 225 et 236.)

de faire valoir le navire qui lui était confié sans pouvoir engager au-delà de leur mise les actionnaires qui en avaient la propriété : de là la divergence d'opinions qui s'était établie sur l'étendue de la responsabilité des propriétaires de navires, sous l'ordonnance de 1681, et depuis, sous le code de commerce; la loi du 14-17 juin 1841 a eu pour but de mettre fin à cette divergence, et de fixer le droit.

Art. 4. — De la responsabilité chez les nations étrangères.

Le droit maritime doit être plus que tout autre l'expression du droit des gens; appelés à se transporter sur tous les points du globe, tous les navigateurs devraient être soumis aux mêmes lois. Il serait à désirer que les législations maritimes de tous les peuples fussent les mêmes ; cela est vrai surtout lorsqu'il s'agit d'une loi destinée à régler des contrats qui, d'après leur but et les circonstances qui les nécessitent, ont lieu le plus souvent entre des contractans de différentes nations ; aussi tous ceux qui ont coopéré à la nouvelle loi sur la responsabilité des propriétaires de navires se sont-ils préoccupés des dispositions et du système adopté par les législations étrangères: voici ce que M. le garde des sceaux disait à ce sujet dans son exposé des motifs, à la chambre des pairs (*Moniteur* de 1841, 1er semestre , p. 247).

« Il est résulté d'investigations faites avec soin que les législations étrangères ne déterminent point d'une manière uniforme l'étendue des obligations des armateurs: les unes déclarent que cette responsabilité est illimitée, les autres la restreignent à la valeur du navire et du fret.

» On peut citer parmi les dernières le *Consulat de la mer*, chap. CCXXXVI, dont l'autorité était reconnue en Italie ; le statut de Hambourg, le code du royaume des Pays-Bas, art 321, § 1er et 2 ; la loi maritime de Suède de 1667, sect. 2e, chap. XVI ; le code danois de 1683, livre IV, chap. II, art. 5 et chap. V, art. 5.

» Mais le statut de l'île de Wisby, le code de commerce d'Espagne, art. 621 et 622, le code prussien, 2e partie, tit. 9, art. 1525, 1526, 1528 et 1529, et le code de commerce de Naples, art. 503, décident au contraire que les armateurs sont tenus, sur tous leurs biens, des engagemens du capitaine.

» En Angleterre et aux États-Unis les usages et les précédens sont dans le même sens.

» Les législations étrangères ne sont donc pas unanimes, comme on l'avait pensé, pour restreindre les obligations des armateurs ; et c'est précisément chez les nations dont la prospérité commerciale est portée au plus haut degré que le principe contraire est adopté.

Ce défaut d'unanimité dans la législation des peuples maritimes est en effet à déplorer; avant le changement opéré par la loi du 17 juin 1841, le code de commerce français était en harmonie avec les lois des principales nations; plusieurs bons esprits et les magistrats les plus distingués se sont effrayés de la dissidence nouvellement établie, et à la chambre des pairs le changement provoqué a éprouvé une forte résistance.

Art. 5. — Changemens apportés par la loi nouvelle au code de commerce.

Trois articles du code de commerce ont été modifiés par la loi du 17 juin 1841; ce sont les articles 216, 234 et 298.

L'art. 216 était ainsi conçu :

« Tout propriétaire de navire est civilement » responsable des faits du capitaine pour ce » qui est relatif au navire et à l'expédition. » *La responsabilité cesse* par l'abandon du na- » vire et du fret. »

Loi du 17 juin 1841 ;

Art. 216. — « Tout propriétaire de navire » est civilement responsable des faits du ca- » pitaine, *et tenu des engagemens contractés* » *par ce dernier* pour ce qui est relatif au na- » vire et a l'expédition. *Il peut dans tous les cas* » *s'affranchir des obligations ci-dessus* par » l'abandon du navire et du fret. *Toutefois la* » *faculté de faire abandon n'est point accordée* » *à celui qui est en même temps capitaine et* » *propriétaire ou copropriétaire du navire.* » *Lorsque le capitaine ne sera que coproprié-*

» taire, il ne sera responsable des engagemens
» contractés par lui pour ce qui est relatif au
» navire et à l'expédition que dans la propor-
» tion de son intérêt. »

La différence de caractère fera remarquer
les changemens et additions opérés dans
l'art. 216 et dans les suivans.

La nouvelle rédaction de l'art. 216 contient
une disposition générale très étendue, puisqu'elle se rapporte à tous les *faits*, délits ou
quasi-délits du capitaine, et à tous les *engagemens* qu'il peut contracter pour l'expédition. Ce que nous avons dit art. 2 ci-dessus
fera comprendre la notable extension donnée
à l'irresponsabilité de l'armateur et des propriétaires. L'abandon du navire et du fret
les affranchit *désormais* des obligations provenant des *engagemens* du capitaine. — La loi
dans les articles suivans a expliqué comment
les propriétaires et armateurs sont dégagés
de la responsabilité illimitée à l'égard des
emprunts faits par le capitaine en cours de
voyages, et à l'égard de la vente des marchandises des chargeurs faite également en
cours de voyages pour les besoins du navire.
Ces deux cas de responsabilité sont seuls
spécifiés dans ces articles; mais bien d'autres
sont atteints par l'art. 216, comme la responsabilité provenant du retard apporté par le
capitaine au départ de son navire, de l'inexécution de l'affrétement consenti par le capitaine, des contrats à la grosse, etc.

Ancien art. 234. — « Si pendant le cours
» du voyage il y a nécessité de radoub ou
» d'achat de victuailles, le capitaine, après
» l'avoir constaté par un procès-verbal signé
» des principaux de l'équipage, pourra, en
» se faisant autoriser en France par le tri-
» bunal de commerce, ou, à défaut, par le
» juge de paix, chez l'étranger, par le consul
» français ou, à défaut, par le magistrat des
» lieux, emprunter sur le corps et quille du
» vaisseau, mettre en gage ou vendre des
» marchandises jusqu'à concurrence de la
» somme que les besoins constatés exigent.—
» Les propriétaires ou le capitaine qui les
» représente tiendront compte des marchan-
» dises vendues d'après le cours des mar-
» chandises de même nature et qualité dans
» le lieu de la décharge du navire à l'époque
» de son arrivée. »

Loi du 17 juin 1841.

Art. 234. — « Si pendant le cours du voyage
» il y a nécessité de radoub ou d'achat de
» victuailles, le capitaine, après l'avoir con-
» staté par un procès-verbal signé des prin-
» cipaux de l'équipage, pourra, en se faisant
» autoriser en France par le tribunal de
» commerce, ou, à défaut, par le juge de
» paix, chez l'étranger par le consul français,
» ou, à défaut, par le magistrat des lieux,
» emprunter sur le corps et quille du vais-
» seau, mettre en gage ou vendre des mar-
» chandises jusqu'à concurrence de la somme

2*

» que les besoins constatés exigent. — Les
» propriétaires ou le capitaine qui les repré-
» sente tiendront compte des marchandises
» vendues d'après le cours des marchandises
» de même nature et qualité dans le lieu de
» la décharge du navire à l'époque de son
» arrivée. *L'affréteur unique ou les chargeurs*
» *divers qui seront tous d'accord pourront s'op-*
» *poser à la vente ou à la mise en gage de leurs*
» *marchandises, en les déchargeant et en payant*
» *le fret, en proportion de ce que le voyage est*
» *avancé. A défaut du consentement d'une par-*
» *tie des chargeurs, celui qui voudra user de*
» *la faculté de déchargement sera tenu du fret*
» *entier sur ses marchandises.* »

Le changement apporté à l'art. 234 consiste
dans l'addition sur le droit accordé à l'affréteur ou aux chargeurs de décharger leurs
marchandises.

Ancien article 298 :

« Le fret est dû pour les marchandises que
» le capitaine à été contraint de vendre pour
» subvenir aux victuailles, radoub et autres
» nécessités pressantes du navire, en tenant
» par lui compte de leur valeur, au prix que
» le reste ou autre pareille marchandise de
» même qualité sera vendu au lieu de la dé-
» charge, si le navire arrive à bon port. Si le
» navire se perd, le capitaine tiendra compte
» des marchandises sur le pied qu'il les aura
» vendues en retenant également le fret porté
» aux connaissemens. »

Loi du 17 juin 1841.

ART. 298. — «Le fret est dû pour les marchan-
» dises que le capitaine a été contraint de ven-
» dre pour subvenir aux victuailles, radoub
» et autres nécessités pressantes du navire,
» en tenant par lui compte de leur valeur,
» au prix que le reste ou autre pareille mar-
» chandise de même qualité sera vendu au
» lieu de la décharge, si le navire arrive à
« bon port. — Si le navire se perd, le capitaine
» tiendra compte des marchandises sur le pied
« qu'il les aura vendues, en retenant également
» ment le fret porté aux connaissemens,
» *sauf, dans ces deux cas, le droit réservé aux*
» *propriétaires de navires par le paragraphe*
» *2 de l'art 216. — Lorsque de l'exercice de ce*
» *droit résultera une perte pour ceux dont les*
» *marchandises auront été vendues ou mises en*
» *gage, elle sera répartie au marc le franc sur*
» *la valeur de ces marchandises et de toutes*
» *celles qui sont arrivées à leur destination, ou*
» *qui ont été sauvées du naufrage postérieure-*
» *ment aux événemens de mer qui ont nécessité*
» *la vente ou la mise en gage.*

Une addition forme encore ici tout le changement. Nous reviendrons dans les articles
suivans sur chacune de ces dispositions anciennes et nouvelles; nous n'avons voulu que
les constater ici.

Art. 6.— De la responsabilité et du droit d'abandon à l'égard des prêteurs. — Fraude du capitaine. — Lettre de change.— Cas où les formalités n'ont pas été remplies.

La responsabilité des propriétaires de navires, provenant des engagemens du capitaine , a lieu le plus souvent à raison d'*emprunts* faits par le capitaine pour les besoins du navire, ou à raison de la vente ou de la mise en gage des marchandises des chargeurs pour la même cause. — Les *emprunts* ont lieu, soit au départ, lorsque le bâtiment est frété du consentement des propriétaires , et que, en vertu de l'art. 255, c. comm., le capitaine emprunte à la grosse pour le compte et sur la portion du propriétaire , qui refuse de contribuer aux frais nécessaires à l'expédition ; soit en cours de voyage, lorsque , aux termes de l'art. 234, le capitaine emprunte pour radoub ou achat de victuailles sur le corps et quille du vaisseau; soit encore en cours de voyage, lorsque, aux termes de l'art. 315 , le capitaine emprunte à la grosse en cas de nécessité et pour les besoins du navire. —La vente ou la mise en gage des marchandises des chargeurs est autorisée en cours de voyage par l'art. 234, dans les mêmes cas où cet article autorise l'emprunt. — De ces quatre espèces d'engagemens que la loi permet au capitaine de contracter, un seul fait *expressément* l'objet des modifications apportées au code de commerce par la loi du 17 juin 1841, c'est la vente et la mise en gage des marchandises, autorisée par l'art. 234, sur le corps et quille du vaisseau : —Mais de ce que l'emprunt à la grosse, en cas de départ ou en cours de voyage, et l'emprunt ordinaire en cours de voyage, ne sont pas nominativement désignés dans la loi, il n'en faut pas conclure qu'ils soient exclus de la disposition générale de l'art. 216 modifié. — Sous ce paragraphe, nous ne nous occuperons que de la responsabilité des propriétaires et du droit d'abandon du navire, à l'égard des simples prêteurs. La responsabilité, quant aux emprunts à la grosse au départ ou en cours de voyage, fera l'objet des art. 7 et 8, et celle provenant de la vente et de la mise en gage des marchandises fera l'objet de l'article 9.

Avant la loi de 1841, les propriétaires de navires ne pouvaient s'affranchir de l'obligation de rembourser *intégralement* les sommes empruntées par le capitaine en cours de voyage sur corps et quille de vaisseau, et employées au radoub ou à l'achat de victuailles. Depuis la modification de l'article 216, la responsabilité cesse par l'abandon du navire et du fret. Mais tout emprunt contracté par le capitaine en cours de voyage sur corps et quille du vaisseau engagera-t-il de plein droit les propriétaires ? L'art. 234 ne

permet l'emprunt que *s'il y a nécessité de ra-*
doub ou d'achat de victuailles, et il ordonne
au capitaine de constater cette nécessité par un
procès-verbal signé des principaux de l'équi-
page et de se faire autoriser en France par le
tribunal de commerce, ou à défaut par le juge
de paix; chez l'étranger par le consul français,
ou à défaut par le magistrat des lieux. — Si
l'emprunt n'était pas nécessaire et si les formalités n'ont pas été remplies, les propriétaires seront-ils engagés ? La plupart des auteurs qui ont écrit sous l'ancienne loi prétendaient que les formalités prescrites par
l'art. 234, C. comm., sont une condition indis-
pensable de la validité d'un emprunt sur
corps et quille du vaisseau fait en cours de
voyage, et que le prêteur n'avait de recours
contre l'armateur qu'autant qu'il justifiait de
leur accomplissement. (Delaporte, sur l'art.
234;—Dageville, t. 2, p.225 ; Boulay Paty, t. 2,
p. 65, et t. 3, p. 27. — Pardessus, t. 3, no 210).
— Ces formalités avaient pour but, selon
eux, de garantir les propriétaires du navire
de la fraude, de la collusion et des malver-
sations du capitaine.

« Il ne faut pas perdre de vue, dit Boulay-
Paty. tom. 3, pag. 27, que le mandat qui existe
entre l'armateur et le capitaine a des règles
de convenance qui lui sont propres et qui
tiennent à la nature des choses; il ne peut
engager l'armement que de la manière que la
loi lui prescrit ; si donc le capitaine représente

les propriétaires, ce ne peut être que dans le cercle de son mandat légal. — Les tiers qui ont contracté avec le capitaine ont dû, avant tout, s'assurer de l'observation des formalités prescrites par la loi ; la loi doit être connue de tous, et personne ne saurait à cet égard exciper de son ignorance ; — Le prêteur qui ne s'est pas fait représenter l'autorisation accordée par la justice et qui n'a pas exigé que cette autorisation fût préalablement accordée au capitaine n'a suivi que la foi de ce dernier et non de la chose ; il n'a prêté qu'à lui seul, et non à l'armement. » — Mais la cour de cassation avait rejeté ce système et décidé dès 1821 (arrêt du 28 novembre, Sir., 22-1-64), que les formalités prescrites par l'art. 234 n'ont d'autre objet que de mettre le capitaine à portée de justifier aux propriétaires de la nécessité de l'emprunt et d'éviter tout recours de leur part, et qu'elles ne concernent pas le prêteur qui a contracté de bonne foi avec le capitaine ; que l'emprunt fait par celui-ci sans observation des formalités donne donc action au prêteur de bonne foi, surtout s'il est étranger, contre le propriétaire du navire, en remboursement du prêt, et ce, nonobstant le mauvais emploi que le capitaine pourrait en avoir fait. — Par arrêt du 5 janvier 1841, Dall., 41-1-80, la cour de cassation a persisté dans la même jurisprudence ; cet arrêt a été rendu relativement à un emprunt à la grosse ; on y lit que « les formalités prescrites par l'art.

234, c. com., ont uniquement pour objet de
mettre le capitaine à portée de justifier de la
nécessité des emprunts qu'il a souscrits, et
d'éviter ainsi toute demande recursoire de la
part des propriétaires, mais ne concernent
pas le prêteur qui a traité de bonne foi ; que
c'est ainsi qu'a toujours été appliqué et entendu l'art. 19, titre *du capitaine*, de l'ordonnance de la marine de 1681, lequel exigeait
comme l'art. 234, c. com., l'observation de
formalités par le capitaine qui empruntait à la
grosse ; que si les rédacteurs du code de commerce eussent voulu que l'absence des formalités énoncées dans l'art. 234 pût être également
ment opposée aux prêteurs de bonne foi et
au capitaine, ils n'auraient pas admis une
innovation aussi importante sans assujettir
expressément l'un et l'autre à justifier de l'accomplissement de ces formalités ; que non
seulement l'art. 234 ne contient point à cet
égard de disposition formelle, mais encore
qu'il ne résulte aucunement des observations
et de la discussion qui ont précédé sa der-
nière rédaction qu'on ait eu l'intention de dé-
roger à l'art. 19 précité de l'ordonnance de
la marine ; que d'ailleurs le véritable sens
de l'art. 234 se manifeste dans l'art. 236, qui dispose que le capitaine qui aura pris, *sans nécessité*, de l'argent sur le corps, avitaillement
ou équipement du navire, sera responsable
envers l'armement et personnellement tenu
du remboursement, ce qui prouve que le pro-

priétaire doit, sauf son recours contre le capitaine, désintéresser les tiers envers lesquels il se trouve engagé par celui-ci, qui est son mandataire légal ; — Qu'aux termes de l'art. 312, le prêteur à la grosse n'est soumis aux formalités de l'art. 234 que pour la conservation de son privilége ; d'où il suit nécessairement qu'il conserve ses droits et son titre contre le propriétaire ou armateur du navire ; — Qu'enfin l'art. 313 assimile à un effet de commerce, négociable par la voie de l'endossement, le contrat de grosse fait à ordre, ce qui repousse l'idée que le porteur, saisi par un endos régulier, puisse être contraint d'ajouter à son titre des pièces justificatives de la délibération des gens de l'équipage et de l'autorisation du juge. »

Si nous avions eu à nous prononcer sur la question avant la modification apportée à l'art. 216, frappé de cette considération que le capitaine, empruntant en dehors des besoins du navire (quoiqu'il prenne pour prétexte ces besoins), et sans les formalités voulues, ne fait plus acte de mandataire, et que d'ailleurs le prêteur n'a pas dû se regarder comme suffisamment autorisé, en l'absence de formalités attestant la réalité des besoins, à compter sur la garantie des propriétaires, nous aurions cru pouvoir faire une distinction. Dans l'*emprunt* contracté par le capitaine *sans l'accomplissement des formalités voulues*, nous aurions vu un *fait*, une espèce de *délit* du capitaine donnant lieu à la responsabilité, *sauf abandon;* dans *l'emprunt* contracté *avec l'accomplissement des formalités* nous aurions vu un *engagement* du capitaine donnant lieu à la responsabilité *illimitée* des propriétaires. — Sous la loi nouvelle, la distinction entre le *fait* et *l'engagement* ayant disparu, et la responsabilité sauf abandon ayant lieu aussi bien pour le *fait* que pour *l'engagement,* nous pensons que les propriétaires s'affranchiraient difficilement du paiement, *sauf abandon,* de l'emprunt contracté par leur capitaine en cours de voyage, même sans accomplissement des formalités et quoique cet emprunt n'eût pas été employé aux besoins du navire : la jurisprudence de la cour de cassation nous paraîtrait donc aujourd'hui plus fondée que jamais. — Cependant il pourrait arriver que le prêteur colludât avec le capitaine; qu'ils s'entendissent ensemble pour engager les propriétaires; que, de complicité avec un tiers, le capitaine tirât à l'ordre de ce tiers des traites où il fût soigneusement stipulé que la valeur en aurait été employée aux besoins du navire; dans ces cas, la responsabilité du propriétaire, même sauf abandon, n'existerait pas, car le prêteur aurait été de mauvaise foi; ainsi, si des faits et circonstances résultaient des présomptions graves, précises et concordantes qu'il y eût eu fraude, collusion entre le capitaine et le prêteur; si, par exemple, la somme empruntée était hors de toute proportion avec les besoins et la valeur du navire, l'armateur pourrait ne pas être engagé; aussi, en parlant de la responsabilté des armateurs en cas de fraude du capitaine, M. Laplagne-Barris disait-il à la chambre des pairs (séance du 16 avril 1841, *Monit.* du 17, p. 1006): « Je n'hésite pas à dire que lorsqu'un capitaine enverra pour 500,000 f. de traites à l'occasion d'un navîre de 100,000, je craindrai, non seulement pour le capitaine, mais encore pour les tiers qui auront eu l'incroyable imprudence de traiter avec lui. » — L'absence de formalités serait à elle seule d'ailleurs une présomption de fraude; mais c'est à l'armateur ou au propriétaire qu'il incombe de prouver la mauvaise foi; car le dol ne se présume pas. C. civ., 1116, 1353.

Le prêt au capitaine se fait souvent par lettres de change que tire le capitaine sur l'armateur; si l'armateur a *accepté* ces lettres de change, pourra-t-il plus tard refuser le paiement en abandonnant le navire et le fret? Non sans doute; car, d'après l'art. 121, C. com., « celui qui accepte une lettre de change contracte l'obligation d'en payer le montant; l'accepteur n'est pas restituable contre son acceptation quand même le tireur aurait failli à son insu avant qu'il eût accepté. » — Mais l'armateur aurait-il droit de refuser son acceptation, jusqu'à ce que la connaissance du sort du navire l'eût mis à même de déclarer ou non l'abandon, ou que des nouvelles reçues du capitaine et l'envoi des pièces l'eussent assuré de l'accomplissement des formalités légales? La première question sera traitée plus au long dans l'art. 16; nous répondrons, par anticipation, que l'armateur ne peut avoir d'autre motif de refuser le paiement que la collusion, la fraude et la malversation du capitaine; il doit la somme empruntée *du jour de l'emprunt*, et s'il fait abandon il ne peut le faire que *de ce jour*; il serait par trop injuste de lui laisser la faculté de différer son acceptation jusqu'à ce qu'il se fût informé du sort du navire: il faudra donc qu'*au jour de l'échéance* il déclare s'il accepte ou non. — Une réponse analogue doit être faite à la seconde question, c'est à dire que l'armateur ne peut différer le paiement ou l'abandon jusqu'à ce que l'envoi des pièces l'ait assuré de l'accomplissement des formalités légales; en effet, ces pièces ne sont jamais aux mains du porteur de la traite; celui-ci d'ailleurs ou le bénéficiaire de l'effet ne serait jamais en mesure de prouver aux armateurs que ces pièces leur auraient été remises. —D'après l'art. 313, C. comm., « tout acte de prêt à la grosse peut être négocié par la voie de l'endossement, s'il est à ordre; en ce cas, la négociation de cet acte a les mêmes effets et produit les mêmes actions en garantie que celle des autres effets de commerce. » Il en sera de même nécessairement de la *lettre de change* que le capitaine aura tirée sur son armateur en paiement de l'emprunt fait en cours de voyage; or, si la cour de cassation a dit, dans son arrêt précité du 5 janvier 1841, relativement au contrat à la grosse négocié par la voie de l'endossement, que l'autorisation de négocier « repousse l'idée que le porteur saisi par un endos régulier puisse être contraint d'ajouter à son titre les pièces justificatives de la délibération des gens de l'équipage et de l'autorisation du juge, » n'en devra-t on pas dire autant de la négociation d'un effet ordinaire tiré par le capitaine sur son armateur? Il ne faut pas l'oublier, l'armateur est responsable, au moins jusqu'à concurrence de la valeur du navire, des *engagemens* et des *fautes* du capitaine, et si, en cas de collusion du capitaine, la responsabilité, même sauf abandon, vient à cesser, ce n'est qu'à l'égard de celui qui à collude avec le capitaine ou du porteur de l'effet, fruit de cette collusion, car à l'égard de toute autre personne qui n'aurait pas trempé dans le délit, les armateurs seraient engagés dans les termes de la loi: à moins donc qu'il n'ait en main la preuve d'une collusion, le propriétaire est obligé de payer ou de faire abandon. — Nous reviendrons sur cette question à l'art. 16, et nous ferons remarquer, relativement au droit de différer le paiement ou l'acceptation, une différence importante entre l'*emprunt pur et simple* contracté en cours de voyage et l'emprunt à la grosse.

Art. 7. — De la responsabilité des propriétaires quant à l'emprunt à la grosse. — L'emprunt à la grosse peut-il donner lieu à l'abandon ?

M. Persil, dans la discussion de la loi du 17 juin 1841, s'exprimait ainsi à la tribune de la chambre des pairs (séance du 15 avril 1841 , *Monit.* du 16, p. 993) : « Je vous ai dit qu'il y avait une distinction à faire entre le prêt proprement dit , le prêt de commerce à 6 p. 100 et le prêt à la grosse ; ce dernier est une espèce d'association entre l'armateur et le bailleur de fonds; *il n'oblige pas la personne de l'armateur , le code de commerce le reconnaît ; et ce n'est pas pour celui-là qu'est proposée la rectification actuelle.* » Le même magistrat ajoutait à la séance du 16 avril (*Monit.*, p. 1008) : « Dans le prêt à la grosse il n'y a que le navire d'engagé ; si vous ne parlez que de ce contrat , la loi est inutile , car le code de commerce décide que dans le prêt à la grosse aventure *il n'y a que le navire d'engagé.* » Ces paroles sont graves dans la bouche d'un homme d'aussi grande autorité, et cependant, nous ne pouvons nous dispenser de le dire , elles renferment autant d'erreurs que de mots ; il n'est pas vrai, en effet , que d'après le code de commerce *il n'y ait dans le prêt à la grosse que le navire d'engagé.* Le prêteur à la grosse n'a droit de demander son remboursement que si le navire arrive à à bon port ; en cas de naufrage il perd le capital de l'emprunt (C. comm., 324 et suiv.); s'il y a des avaries, c'est lui qui les supporte ; mais si le navire arrive à bon port, si les réparations faites amènent le succès du voyage, le prêteur, sous l'ancien article 216, devait être intégralement remboursé : tel était le droit.

Aussi M. Persil fut-il le seul de tous les orateurs qui ont parlé sur le projet de loi qui soutînt que l'emprunt à la grosse n'engageait pas la responsabilité de l'armateur. « Dans l'état actuel des choses, disait M. de Laplagne Barris (séance du 16 avril 1841, *Monit.* du 17, p. 106), la perte complète du navire fait périr la créance du prêteur à la grosse ; mais quand le navire arrive à bon port l'armateur est responsable. » M. Dalloz, rapporteur de la commission de la chambre des députés, disait dans son rapport (séance du 13 mai 1841, *Monit.* du 18, p. 1376) : « Les tiers qui peuvent avoir accordé un crédit au capitaine sont de trois classes ; les créanciers pour travaux et fournitures faites aux navires (ils sont ordinairement payés comptant) ; ceux qui ont prêté sur lettres de change ou simples billets, en supposant ce genre d'engagement obligatoire pour l'armateur, ce qui est un point contesté que la commission n'a point à examiner ; enfin ceux qui ont prêté à la grosse sur le navire. ...... S'agit-il du prêteur à la grosse, il est de l'essence même de ce contrat d'asservir le prêteur à tous les risques de la navigation; c'est une espèce de société formée entre le prêteur et le propriétaire du navire ; le propriétaire est, il est vrai, *personnellement obligé*, si le navire arrive à sa destination, mais le prêt n'en est pas moins fait au navire plutôt qu'à la personne ; car s'il périt, la créance périt avec lui, et s'il souffre une détérioration, le prêteur est obligé de contribuer au paiement des avaries, puisqu'il est intéressé à la conservation du navire autant que l'armateur lui-même (art. 330, C. comm.). Pourquoi donc le prêteur qui a volontairement associé ses capitaux à la destinée du navire, en stipulant un profit maritime considérable, ne partagerait-il pas avec le propriétaire, et dans une certaine mesure, le risque des engagemens excessifs contractés par le capitaine pour la conservation de la chose commune; pourquoi la somme qui excédera la valeur du navire et du fret, et qui sera ordinairement fort inférieure à cette même valeur, ne serait-elle pas à la charge du prêteur à la grosse au lieu de venir s'ajouter à la perte beaucoup plus considérable que souffre déjà le propriétaire du navire ? »

Ici se présente de nouveau la question de savoir si, lorsque les formalités ordonnées par les articles 312 et 234, C. comm., ont été négligées, et que les fonds empruntés à la grosse aventure n'ont pas été employés pour

l'usage du navire, le propriétaire est nonobstant engagé. La divergence que nous avons
signalée à l'article précédent entre les auteurs et la cour de cassation , sur la responsabilité , lorsque les formalités de l'art. 234
n'ont pas été observées pour l'emprunt ordinaire, se reproduit à l'égard de l'emprunt
à la grosse ; nous ne saurions donc que répéter ce que nous avons déjà dit, à savoir que,
à part le cas de fraude ou de collusion , le
propriétaire est responsable de l'engagement
du capitaine contracté dans l'exercice de son
mandat, et que si les tiers ont été trompés
par celui-ci , si la somme n'a réellement pas
reçu la destination indiquée, ce n'est pas sur
les tiers qui ont contracté de bonne foi que
doit retomber la faute ou le délit du capitaine,
mais sur l'armateur, ou, pour mieux dire, sur
le navire.

On s'est demandé, sous l'ancienne loi, si
lorsque l'emprunt à la grosse a été contracté
au port même de la destination du navire,
l'armateur était également engagé. Un arrêt
de la cour de Bordeaux du 30 mars 1830 (Dall.
31, 2, 5) avait décidé que par ces mots, *en
cours de voyage,* l'art. 234 entend l'aller et
le retour, et que par suite les assureurs du
voyage d'aller sont tenus de rembourser aux
assurés ou armateurs le profit maritime de
l'emprunt à la grosse contracté par le capitaine même après l'arrivée du navire à sa destination, mais pour avarie survenue pendant

2**

ce voyage d'aller; il était juste de ne mettre au compte de ces assureurs que les réparations provenant des avaries survenues *pendant le voyage d'aller*. Mais s'il s'était agi des armateurs eux-mêmes et de leur responsabilité relativement à l'emprunt à la grosse contracté par le capitaine au port de la destination, nul doute qu'ils n'en eussent dû le paiement, que cet emprunt eût eu pour but de réparer les avaries faites pendant le voyage *d'aller* ou celles survenues *dans la rade ou dans le port même de la destination*, puisqu'en effet le voyage ne finit pas au port de la destination et qu'il dure jusqu'au retour du navire au port de départ.

Il pourrait arriver que l'armateur eût formellement interdit au capitaine d'emprunter à la grosse ; cette défense n'empêcherait pas qu'il fût responsable, selon les termes de la loi, des emprunts contractés par le capitaine, à moins que les prêteurs n'eussent eu connaissance de la défense. (Boulay-Paty, t. 2, p. 74.) Mais l'armateur aurait recours contre le capitaine dans ce cas, comme dans tous ceux où le capitaine l'aurait engagé, relativement au navire, au-delà et en dehors des termes de son mandat : « Le capitaine qui aura sans nécessité pris de l'argent sur le corps, avitaillement ou équipement du navire, engagé ou vendu des marchandises ou des victuailles, « ou qui aura employé dans ses comptes des avaries ou des dépenses supposées, sera responsable *envers l'armement* et person-

» nellement tenu du remboursement de l'ar-
» gent ou du paiement des objets, sans préju-
» dice de la poursuite criminelle s'il y a lieu.»
C. comm., 256.

Art. 8.— De l'abandon relativement à l'emprunt à la grosse contracté aux termes des art. 233 et 322, c. comm., pour l'expédition du navire frété du consentement des copropriétaires.

Celle espèce de contrat à la grosse ne paraissait pas à M. Persil, comme le précédent, n'engager l'armateur que jusqu'à concurrence de la valeur du navire ; il se récriait au con-traire devant la chambre des pairs (séance du 15 avril 1841 , *Monit.* du 16, p. 993), sur ce que, d'après la loi nouvelle, le propriétaire dans ce cas pourrait faire abandon. « Je suppose, disait-il, un navire appartenant à quatre armateurs disposés à le mettre en mer, mais après les réparations que son état exige ; trois d'entre eux consentent à fournir les deniers nécessaires ; le quatrième refuse. Le code de commerce autorise dans ce cas le capitaine à emprunter pour compte de celui-ci ; il trouve donc un prêteur qui lui donne de l'argent pour finir les réparations. Eh bien ! dans ce cas même, d'après les dispositions qu'on vous propose, cet emprunteur, propriétaire, armateur, n'est obligé que jusqu'à concurrence de la valeur du navire ; je vous le demande, se-rait-ce justice ? »

Au reste, le rapport déjà cité de M. Dalloz à la chambre des députés ne laisse aucun doute sur ce point. Voici comment il est conçu : « L'art. 233, c. com., dispose : « Si le bâtiment » était frété du consentement des propriétaires » et que quelques-uns d'eux fissent refus de » contribuer aux frais nécessaires pour l'expé- » dier, le capitaine pourra en ce cas. vingt- » quatre heures après sommation faite aux re- » fusans de fournir leur contingent, emprunter » à la grosse pour leur compte sur leur portion » d'intérêt dans le navire avec autorisation du » juge. » Le contrat d'affrétement auquel le propriétaire du navire a été partie, soit per- sonnellement, soit représenté par le capitaine en vertu d'un pouvoir spécial, est obligatoire sur tous les biens de cet armateur. Cela ne peut être l'objet d'aucun doute, puisque la loi ne lui accorde le droit de s'affranchir, par l'abandon du navire et du fret, que des obli- gations qui ont été contractées par le capi- taine. Mais quelques membres de votre com- mission ont demandé si l'on ne devrait pas regarder comme personnel au propriétaire l'emprunt à la grosse que le capitaine est autorisé à faire pour l'exécution de ce contrat que le propriétaire refuse d'exécuter, après s'être personnellement obligé, et si, dans ce cas, les prêteurs à la grosse n'ont pas pour gage, outre la portion revenant à ce proprié- taire dans le navire et le fret, les biens de terre qu'il peut posséder.

« La très grande majorité de votre commission n'a pas pensé que le contrat d'emprunt à la grosse, autorisé dans le cas prévu par l'art. 233, c. comm., qui ne permet pas d'autre mode d'emprunt, pût devenir personnel au propriétaire, par cela que cet emprunt avait été fait par le capitaine pour contribuer à une dépense à laquelle le propriétaire s'était personnellement obligé dans un contrat d'affrétement antérieur. Ce contrat d'affrétement s'exécutera sans doute sur toute la fortune de l'armateur, puisqu'il l'a signé et que rien ne peut le dégager de cette obligation personnelle envers les affréteurs ; mais il n'en est pas de même du prêteur à la grosse qui a ensuite traité avec le capitaine sans le concours du propriétaire du navire.

» Le capitaine n'était autorisé à emprunter que sur la portion d'intérêts revenant à ce propriétaire dans le navire ; c'est sur cette portion seule, et peut-être aussi sur l'engagement personnel du capitaine, si celui-ci a voulu le donner, que le prêteur a livré ses deniers ; il n'a aucune action personnelle contre le propriétaire qui est demeuré étranger à ce contrat. Les conséquences de l'emprunt ne peuvent l'affecter que comme responsable des faits du capitaine par l'abandon du navire et du fret. Votre commission a pensé que cette explication dans le rapport suffisait pour dissiper toute espèce de doute, sans qu'il fût besoin de toucher à la rédaction de l'art. 233.»

Art. 9. — De la responsabilité et du droit d'abandon à l'égard des chargeurs ou affréteurs.

C'est relativement aux chargeurs ou affréteurs que les changemens les plus importans, les modifications les plus profondes ont été apportées au code de commerce par la loi de 1841 : sous les anciens articles 216, 234 et 298 du code, le chargeur dont les marchandises étaient mises en gage ou vendues pour les besoins du navire en cours de voyage, avait un recours contre les propriétaires du navire pour la valeur de ces marchandises, valeur qui se déterminait d'après le cours des marchandises de même nature et qualité dans le lieu de la décharge du navire à l'époque de son arrivée, si le navire arrivait à bon port, et sur le pied que le capitaine avait vendu les marchandises si le navire se perdait ; dans l'un et l'autre cas, le propriétaire retenait le fret porté au connaissement (anciens articles 234, 298, c. com.). — Aujourd'hui les mêmes règles existent si le propriétaire ne fait pas abandon ; mais les nouveaux articles 216 et 298 lui permettent, au lieu de payer les marchandises, de faire abandon du navire et du fret. Nous verrons ci-dessous, art. 12, comment se fait l'abandon si le navire a péri.

Sous l'ancienne loi, les chargeurs ne pouvaient s'opposer à la vente ou à la mise en gage de leurs marchandises; aujourd'hui ce droit leur est réservé comme nous le dirons, art. 10.

Mais pour que les marchandises des chargeurs puissent être mises en gage ou vendues en cours de voyage, l'art. 234, c. com., exige de même que pour l'emprunt ou le contrat à la grosse qu'il y ait nécessité de radoub ou d'achat de victuailles et que le capitaine se fasse autoriser par les personnes et dans les formes indiquées par cet article; il ne peut d'ailleurs vendre que jusqu'à concurrence de la somme que les besoins constatés exigent· —Ici donc se présente pour la troisième fois la question de savoir si, lorsque le capitaine aura vendu ou mis les marchandises en gage, sans avoir rempli les formalités exigées, les propriétaires seront responsables; l'affirmative ne-saurait être douteuse, car il n'en est pas des chargeurs comme des prêteurs; ceux-ci peuvent. dans tous les cas, refuser de prêter, ils sont sur les lieux pour veiller à l'accomplissement des formes; les chargeurs, au contraire, sont le plus souvent absens; auraient-ils un subrécargue, ou se trouveraient-ils eux-mêmes à bord, ils ne pourraient s'opposer à la vente qu'en déchargeant leurs marchandises, extrémité désastreuse à laquelle il est rare que l'on puisse recourir; car les marchandises destinées pour un lieu trouvent rarement débit dans un autre. Si donc, nonobs·tant la position favorable des prêteurs, nous avons dit, avec la cour de cassation, qu'ils ont recours contre les propriétaires, quoique les formalités n'aient pas été remplies, nous devons, à bien plus forte raison, en dire autant des chargeurs; les propriétaires de navires sont obligés de les indemniser, sauf abandon et sauf toutefois encore le cas de collusion, de connivence entre eux et le capitaine; le dol et la fraude dont ils se seraient rendus complices les priveraient de toute garantie. cela est évident.

Mais qu'arriverait-il si la nécessité de radoub et d'achat de victuailles n'obligeait à la vente des marchandises qu'au port même de leur destination? Le capitaine aurait-il encore là le droit de les vendre, et s'il les vendait, les fréteurs ou chargeurs ne pourraient-ils exercer leur recours contre l'armateur que jusqu'à concurrence de la valeur du navire ?

Nous avons vu ci-dessus, art. 8 (*in fine*), que l'emprunt à la grosse peut être contracté tout aussi bien au port de destination que partout ailleurs, puisque le voyage dure jusqu'au retour du navire au port de départ. Mais il n'en serait pas de même du droit de vendre les marchandises ou de les mettre en gage; si en effet ce droit exorbitant a été accordé au capitaine et à l'armateur, c'est parcequ'il importe au chargement lui-même que le navire arrive à sa destination; c'est parceque le but de l'entreprise est le transport des marchandises à cette destination. Du moment où, en vendant une partie de la cargaison, on pouvait faire parvenir l'autre au port d'arrivée il y avait sacrifice utile et dans l'intérêt des chargeurs eux-mêmes. Mais lorsque ce port d'arrivée a été atteint, aucun de ces motifs n'existe plus ; le transport a été effectué, les marchandises et le chargement ne peuvent donc plus être sacrifiés à la conservation du navire; et ces principes doivent surtout recevoir leur application aujourd'hui que, le droit d'abandon existant, la garantie des chargeurs est diminuée, et que les marchandises sont vendues bien plus pour le compte et sur la garantie du navire que pour le compte et sur la garantie du propriétaire. Il résulte au reste des termes mêmes des articles 234 et 298, qu'ils n'ont en vue et ne permettent que la vente des marchandises pendant la traversée, puisque d'après ces articles les propriétaires ou le capitaine qui les représente tiendront compte des marchandises vendues, d'après le cours des marchandises de même nature et qualité dans le lieu de la décharge du navire *à l'époque de son arrivée;* puisque si tous les affréteurs déchargent leurs marchandises, le fret n'est dû *qu'en proportion de ce que le voyage est avancé.* A la différence donc de l'emprunt à la grosse, qui peut être contracté pendant tout le cours du voyage et jusqu'au retour du navire au port de départ, les marchandises composant le chargement ne peuvent être vendues ou mises en gage après leur arrivée au port de la destination. Cependant, si le capitaine les vendait ou les mettait en gage au port même de la destination, les chargeurs n'auraient encore de recours contre l'armateur que jusqu'à concurrence de la valeur du navire et du fret, car la nouvelle disposition de l'art. 216 est générale et absolue; mais la responsabilité personnelle du capitaine y serait engagée, puisqu'il aurait agi en dehors de son mandat et aurait dépassé les droits que la loi lui accorde.

Lorsqu'au lieu de vendre les marchandises en cours de voyage pour les besoins du navire le capitaine les a mises en gage, si le navire arrive à bon port, l'armateur ou le capitaine doivent tenir compte des marchandises engagées d'après le cours des marchandises de mêmes nature et qualité dans le lieu de la décharge du navire à l'époque de son arrivée, sous la déduction du fret; en cas de perte du navire, l'armateur ne devra rembourser que le montant du prêt obtenu au moyen du gage, toujours sans la déduction du fret; et il devra remettre au chargeur dont les marchandises ont été engagées le titre de nantissement en vertu duquel elles peuvent être retirées, sauf, bien entendu, le droit d'abandon qui lui est accordé par les modifications apportées aux art. 216, 234 et 298, et sauf aussi l'obligation du chargeur de partager la perte provenant soit du naufrage, soit de la vente des autres marchandises. V. ci-après art. 11.

Art. 10. — De l'opposition des chargeurs à la vente
ou à la mise en gage de leurs marchandises.

« L'affréteur unique ou les chargeurs divers
qui seront tous d'accord pourront s'opposer
à la vente ou à la mise en gage de leurs marchandises en les déchargeant et en payant le
fret en proportion de ce que le voyage est
avancé. A défaut de consentement d'une partie
des chargeurs celui qui voudra user de la faculté de déchargement sera tenu au fret entier sur ses marchandises. » (Nouvel art. 234.)

Ainsi que nous l'avons dit plus haut, ce
droit des chargeurs de s'opposer à la vente
ou à la mise en gage de leurs marchandises
en les déchargeant et en payant le fret
n'existait pas avant les modifications apportées au code de commerce par la loi du
17 juin 1841.

Les termes de cette disposition sont clairs,
et ne paraissent devoir donner lieu à aucune
difficulté d'interprétation. Le législateur a établi une différence entre le cas où le déchargement *entier* s'opère au lieu où le navire est
arrêté, et celui où *une partie* seulement des
marchandises est déchargée : dans le premier
cas le voyage est censé terminé, le navire
n'ayant plus de destination dans l'intérêt de
son chargement, et le fret ne doit pas être
payé pour le surplus ; mais si des marchan-

dises restant à bord doivent être portées jusqu'au lieu de la destination, si le capitaine est en définitive tenu de continuer sa route jusqu'à ce lieu, il était juste d'obliger le chargeur, qui préfère décharger sa marchandise en chemin, au paiement du fret jusqu'à la destination.

Il n'arrive pas toujours que l'affréteur ou son mandataire particulier, son subrécargue, soient à bord ; s'il y a plusieurs chargeurs, il est rare que chacun d'eux ait un mandataire sur le navire ; aussi serait-il difficile que le déchargement *entier* puisse être opéré dans un port de relâche.

Si le navire était chargé de denrées ou marchandises et de *valeurs* et que le propriétaire des marchandises eût un subrécargue à bord, celui-ci pourrait-il, en demandant que les marchandises fussent déchargées au port de relâche pour éviter la vente ou la mise en gage de ces marchandises, n'en payer le fret qu'en proportion de ce que le voyage serait avancé ? Nous ne le pensons pas, car les *valeurs* que le capitaine est chargé de transporter font comme les marchandises partie du chargement ; le navire, quoique les marchandises soient déchargées, sera obligé d'aller jusqu'au port de destination pour remettre ces *valeurs;* le fret entier sera donc dû pour les marchandises déchargées ; il en serait de même si le navire avait des passagers à bord, et que les passagers tinssent à continuer leur route.

ART. 11. — De la contribution entre les chargeurs.—
La perte peut-elle être considérée comme avarie commune? — Quelles sont les marchandises qui doivent
contribuer?

« Lorsque de l'exercice du droit d'abandon
« par le propriétaire résultera une perte pour
« ceux dont les marchandises auront été ven-
« dues ou mises en gage, elle sera répartie au
« marc le franc, sur la valeur de ces mar-
« chandises et de toutes celles qui sont arrivées
« à leur destination ou qui ont été sauvées du
« naufrage, postérieurement aux événements
« de mer qui ont nécessité la vente ou la mise
» en gage. » (nouvel art. **298.**)

Cette disposition, sur la répartion au marc
le franc, de la perte entre les chargeurs ou affréteurs, n'existait pas dans les premières modifications proposées au Code de commerce,
par le projet de loi sur la responsabilité des
propriétaires de navires; dans son exposé des
motifs à la chambre des pairs, M. le garde-
des-sceaux après avoir discuté le droit qu'ont
les chargeurs suivant l'art. **254,** de s'opposer
à la vente ou à la mise en gage de leurs marchandises, en les déchargeant, (*Moniteur*,
1841, 1er semestre, p. **247,**) disait : « Mais
si l'un des chargeurs n'use pas de cette faculté, si ses marchandises sont vendues ou
mises en gage et qu'il ne soit pas remboursé
en entier de leur valeur, supportera-t-il seul
la différence? non, sans doute, on a généralement reconnu que la perte doit être répartie

entre tous les chargeurs au marc le franc de la valeur de leurs marchandises. C'est l'opinion de votre commission ; mais elle a pensé qu'il n'était pas nécessaire de le dire formellement dans la loi ; elle a supposé que la perte sera réputée avarie commune, et qu'en conséquence par application des règles ordinaires, elle sera répartie proportionnellement entre tous les chargeurs. — Nous ne pouvons adopter cette doctrine.

« On appelle *avaries communes*, les dommages soufferts et les dépenses faites *volontairement* pour le salut commun du chargement et du navire. (C. com., 400.) — Les dommages et les dépenses qui n'ont pour but que le salut du navire seul, ou des marchandises seules, sont des *avaries particulières*. (C. com., 405.) — Les auteurs appliquant ces notions élémentaires, enseignent que si un navire se trouvant, par cas fortuit et force majeure, hors d'état de continuer sa route, entre dans un port pour se faire radouber, les frais de radoub et de séjour n'entrent pas en avaries *grosses* et ne sont considérés que comme avaries simples et particulières au navire (1). La répartition ne sera donc pas de droit. En rappelant ces principes, en démontrant que le

---

(1) Boulay-Paty, t. 4, p. 457, 458, 473 et 474. — Pardessus, t. 5, p. 207 et suiv. — Valin, sur les art. 4 et 6, tit. 7, liv. 5, de l'ord. de la marine. — Emérigon. ch. 12, sect. 4, § 6. laisse du doute sur la question.

chargeur ne pourrait point, d'après le droit
commun, faire répartir sur tout le chargement le dommage qu'il éprouve, certes, nous
n'avons pas voulu établir qu'il faut laisser
toute la perte à son compte; nous avons seulement eu l'intention de prouver que les règles
ordinaires, en matière d'avaries et de contribution, n'offrent point à celui dont les marchandises ont été vendues ou mises en gage,
une ressource suffisante ; qu'il est absolument
nécessaire que la loi nouvelle lui vienne en
aide, et décide par une disposition expresse,
que la perte sera supportée par tous les chargeurs au marc le franc. — C'est dans ce but
qu'un nouveau paragraphe est ajouté à l'article 298. »

La perte pour les chargeurs ou affréteurs
peut survenir de différentes manières :

1° Soit lorsque leurs marchandises se per-
dent avec le navire, un naufrage complet
ayant lieu sans qu'auparavant aucune partie
des marchandises ait été vendue ou mise en
gage ; dans ce cas, ils n'ont rien à réclamer,
ni contre le capitaine, ni contre les armateurs,
ni les uns contre les autres ; la mer engloutit
leurs marchandises, elles périssent pour leur
compte, de même que le vaisseau périt pour
le compte du propriétaire; le droit nouveau
est le même que le droit ancien, sur ce point
rien n'a été changé, et ne pourrait être
changé.

2° Soit lorsque, malgré le naufrage, et dans

les précédentes circonstances, une partie des marchandises est sauvée, mais ne peut être portée jusqu'au lieu de la destination par le navire. — Les chargeurs n'ont encore rien à répéter contre l'armateur pour les marchandises perdues, ils ont, en certains cas, recours contre le capitaine, pour celles qui auraient pu être sauvées. C. com., **244**.

5° Soit lorsqu'une partie des marchandises est *vendue* ou *mise en gage* en cours de voyage pour radoub ou achat de victuailles, et que le reste *arrive à sa destination*. — Ici s'applique textuellement et sans aucune difficulté, l'art. **298** modifié; la perte doit être répartie au marc le franc, sur la valeur des marchandises vendues ou mises en gage, et de toutes celles qui seront arrivées à leur destination.

4° Soit lorsqu'une partie des marchandises est *vendue* en cours de voyage pour radoub ou achat de victuailles, et que le reste est postérieurement *sauvé d'un naufrage, avarié ou non avarié*, ce cas est encore prévu par le nouvel article **298**; il est vrai que cet article ne suppose pas que les marchandises sauvées aient éprouvé des avaries; mais qu'elles aient été avariées ou non, il y a même raison de décider, du moment où elles ont conservé quelque valeur; cependant les marchandises *avariées* ne seront nécessairement estimées pour arriver à la répartition, que d'après leur valeur réelle et le prix qu'on en aura pu tirer. Autrement leur valeur pourrait être en entier absorbée par la portion que prendrait le propriétaire des marchandises vendues. Supposons, par exemple, que le chargement d'un navire ait été fait par cinq personnes, *Premier, Second, Troisième, Quatrième et Cinquième*. que chacun y ait mis une valeur en marchandises, de 10,000 fr., le chargement total vaudra . . . . 50,000 fr.

En cours de voyage, les marchandises de *Premier* sont vendues pour les besoins du navire ; le navire *se perd* en arrivant au port de destination ; les marchandises sont sauvées en partie ; on retire des marchandises de *Second*. une somme de . . . . 1,000 fr

Des marchandises de *Troisième*,
une somme de 2,000

Des marchandises de *Quatrième*,
une somme de 5,000

Des marchandises de *Cinquième*,   0

Total . . . . 6,000 fr.

Le propriétaire fait abandon du navire ; par conséquent, *Premier* ne peut être remboursé ; pour que, suivant le vœu de la loi, la perte soit répartie au marc le franc, sur la valeur des marchandises vendues en cours de voyage et sur la valeur des marchandises sauvées, il faudra faire somme de ces valeurs, soit d'une part comme ci-dessus, marchandises sauvées . . . . 6,000 fr.

D'autre part, marchandises vendues en cours de voyage 10,000

Total . . . . . 16,000 fr.

La perte sur les marchandises vendues en cours de voyage est de.......... 10,000 fr.

Il faudra donc établir ce que chacun devra perdre dans la proportion de 16,000 fr. à 10,000 fr. sur ses marchandises sauvées ou vendues, ce qui se fera au moyen des proportions suivantes :

$$16{,}000 : 10{,}000 :: \left\{ \begin{array}{l} 1{,}000 : \ \ 625 \\ 2{,}000 : 1{,}250 \\ 3{,}000 : 1{,}875 \\ 10{,}000 : 6{,}250 \end{array} \right.$$

Les troisièmes termes de ces proportions sont les valeurs des marchandises sauvées et des marchandises vendues en cours de voyage; les quatrièmes termes expriment ce que chacun perdra proportionnellement sur ses marchandises; c'est-à-dire que *Second*, sur les mille francs qu'il aurait retirés de ses marchandises sauvées, contribuera à la perte de *Premier* pour................... 625 fr.

Que *Troisième*, sur les **2,000** fr. valeur de sa marchandise sauvée, contribuera pour.................. 1,250

Que *Quatrième*, sur les **3,000** fr. qui lui seraient revenus, contribuera pour....................... 1,875

Qu'enfin *Premier*, sur les 10,000 fr. valeur de ses marchandises vendues en cours de voyage, perdra dans la même proportion......... 6,250

Comme on le voit d'après cette répartition

conforme au vœu de la loi, il y a un véritable bénéfice en cas de naufrage et d'abandon du navire, pour celui dont les marchandises ont été vendues en cours de voyage, puisque ces marchandises ont été préservées du naufrage, et rapportent à leur propriétaire une somme proportionnelle à la quantité des marchandises sauvées.

Si l'abandon fait par l'armateur payait une partie des marchandises vendues en cours de voyage, ou si ces marchandises ayant été mises en gage, le chargeur recevait une partie de leur valeur, sa perte en serait d'autant diminuée ; soit, par exemple, que l'hypothèse ci-dessus se trouvât modifiée par cette circonstance, que le propriétaire des marchandises vendues en cours de voyage eût reçu 4,000 fr. provenant de l'abandon du navire. — La perte ne se trouvant plus que de 6,000 au lieu de 10,000, nous dirons :

$$16,000 : 6,000 :: \begin{cases} 1,000 : & 375 \\ 2,000 : & 750 \\ 5,000 : & 1,125 \end{cases}$$

Second donc contribuera à la perte de *Premier* pour. . . . . 375 fr.

Troisième pour. 750

Quatrième pour. 1,125

Tel est, nous le croyons du moins, le sens de l'art. 298 ; c'est ainsi que *la perte* résultant de l'abandon, pour le propriétaire des marchandises vendues en cours de voyage, se trouve *répartie au marc le franc sur la valeur de ces marchandises et de toutes celles qui ont été sauvées, postérieurement, du naufrage*, (termes de l'art. **298**).

5o Soit lorsqu'une partie des marchandises est mise en gage, qu'une autre est vendue, et que le reste fait naufrage ou arrive à bon port. — Dans ces circonstances, il y aura lieu, en cas d'abandon, à répartition sur la valeur des marchandises vendues et sur celle des marchandises mises en gage, c'est-à-dire que le propriétaire des unes ne devra pas perdre proportionnellement plus que le propriétaire des autres ; que si les marchandises restantes ont été perdues, la répartition se fera entre les propriétaires des marchandises vendues et engagées, et si une contribution quelconque a lieu provenant des marchandises restantes, la répartition de cette contribution se fera de telle sorte que la perte soit proportionnellement répartie sur ces marchandises restantes, les marchandises vendues et les márchandises engagées.

6o Enfin, soit lorsqu'une partie des marchandises est déchargée (C. com., **254**), qu'une autre partie est vendue ou mise en gage pour les besoins du navire, et qu'une autre partie arrive à sa destination. Ce cas est peut-être celui qui présente le plus de difficulté ; les marchandises *déchargées* doivent-elles contribuer à la perte ? La difficulté vient surtout de ce que dans la discussion de la loi devant la chambre des pairs, une dissidence s'est révélée entre le rapporteur de la commission et les organes du gouvernement sur l'obligation des propriétaires des marchandises *déchargées*, de contribuer à la perte éprouvée sur les marchandises vendues ou mises en gage par suite de l'abandon du navire. En effet, dans la séance du 17 avril 1841 (*Monit.* du 18, p. 1023), M. le marquis de Cordoue ayant demandé que l'on ajoutât dans l'article 298, les mots *et déchargées* après ceux : *marchandises arrivées à leur destination;* M. le rapporteur de la commission répondit : « L'amendement que propose M. le marquis de Cordoue est le développement de la pensée de la commission; cette pensée est que toutes les marchandises qui se trouvent sur le navire, au moment où ont lieu les accidents de mer qui ont déterminé plus tard l'abandon de ce navire, doivent concourir à supporter la perte possible résultant de la vente des marchandises, mais nous avions pensé que l'expression à *leur destination* comprendrait à la fois, la destination primitive de ces marchandises, et la destination accidentelle qui aurait eu lieu par la volonté du déchargeur; la majorité de la commission adhère à l'amendement de M. Cordoue, parce qu'il est le développement de sa pensée ; le mot *déchargées* entre tout-à-fait dans le sens que la commission a voulu donner à son amendement. »

M. Laplagne-Barris s'opposa à l'adoption,

parce que « celui qui, voyant qu'il est arrivé dans un port où il tirera un parti avantageux de ses marchandises, ne veut pas qu'elles aillent plus loin, ne doit pas être soumis aux dépenses qui ont lieu pour la continuation du voyage. »

M. le garde-des-sceaux déclara que le gouvernement ne consentait pas à l'amendement.

Avant le vote, M. de Cordoue fit remarquer que « la commission ayant adopté son amendement, cet amendement fût-il rejeté, servirait, comme expression de la pensée de la commission, à fixer la jurisprudence dans ce sens. » L'amendement fut rejeté.

Cet incident ne fut pas renouvelé devant la chambre des députés. Le rejet de l'amende-mendement devant la chambre des pairs a-t-il eu lieu parce que la pensée de la commission ayant été suffisamment exprimée, la loi ne pouvait être entendue que dans le sens qu'elle lui attribuait? Nous ne le pensons pas: l'observation de M. Laplagne-Barris, l'opposition du garde-des-sceaux ne permettent pas de trouver dans l'intention de la commission l'expression de la volonté de la chambre, lorsque l'on considère surtout que les marchandises n'étant vendues ou mises en gage en cours de voyage que *pour aider à la suite du voyage* et au transport du chargement *à sa destination*, cette vente ou cette mise en gage n'est d'aucune utilité pour les marchandises qui sont déchargées à l'instant de la vente ou de la mise en gage même ; il faut donc dire

que ces marchandises ne doivent pas contribuer à la perte, et qu'elles ne sont pas com-
prises dans celles mentionnées dans l'art. 298.

Mais la répartition ne peut être invoquée
par ceux dont les marchandises ont été vendues ou mises en gage en cours de voyage,
que si l'abandon a lieu; en tout autre cas, les
chargeurs n'ont de recours que contre les propriétaires du navire et le capitaine (voir ci-
après art. 14); l'article 191, n. 7, C. com.,
leur accorde un privilége, pour leur remboursement sur le navire.

ART. 12. — De l'abandon fait aux chargeurs lorsque le
navire a péri. — Des droits des chargeurs contre les
assureurs, en cas d'abandon, lorsque leurs marchandises ont été vendues pour les besoins du navire, avant
le naufrage.

La perte totale du navire n'est pas un obs-
tacle, à ce que *l'abandon* ait lieu ; l'article **298**
modifié, le déclare positivement.

Sous l'ancienne jurisprudence, la controverse sur le droit d'abandon, que nous avons
rapportée ci-dessus, art. 5, p. 204, s'était re-
nouvelée, plus vive encore, relativement aux
marchandises vendues en cours de voyage,
lorsque, postérieurement, le navire avait péri.
« Valin, dit M. Dalloz, dans son rapport à la
chambre des députés, sur le projet de loi de
1841, séance du 15 mai 1841 (*Monit.* du 18,
p. 1376), regardait la vente des marchandises par le capitaine, comme un emprunt forcé

dans l'intérêt de l'armateur, emprunt dont ce dernier devait être personnellement tenu quels que fussent les événement ultérieurs, soit que le navire pérît, soit qu'il arrivât à bon port; et Pothier, sans se dissimuler l'excessive rigueur de cette opinion, puisque *si les marchandises n'avaient pas été vendues, elles auraient péri avec le navire*, pensait, néanmoins, qu'elle devait être suivie, et finissait par dire, avec Valin, que c'était une bonne fortune pour les chargeurs dont les marchandises se sont trouvées vendues, *gaudeant bonâ fortunâ*, raison assurément peu propre à former une conviction. »

« Emérigon, qui accordait à l'armateur la faculté de s'affranchir des obligations du capitaine, par l'abandon du navire et du fret, même dans le cas où le navire arrivait à sa destination, ne pouvait hésiter à lui reconnaître ce droit, lorsque le navire avait péri. Son opinion sur ce point, comme sur le premier, avait pour appui les lois du moyen-âge qui ont été citées plus haut, (voir ci-dessus, art. 5, p. 58), car ces deux questions semblaient appartenir à un même principe.

« Cependant, la doctrine de Valin et Pothier prévalut lors de la discussion de l'article **298**, dans le sein du conseil d'Etat, et ce fut pour la sanctionner que, sur la demande qu'en avait faite la cour de Rennes, on rédigea le second paragraphe de cet article qui n'existait pas dans le projet; le conseil d'Etat pensa *qu'on ne pouvait considérer les marchan-*

*dises comme perdues, parce qu'elles auraient pu
être sauvées malgré la perte du navire; que,*
d'ailleurs, si le prix n'en était pas payé au
chargeur, celui-ci s'en trouverait dépouillé,
*sans pouvoir exercer aucun recours contre ses as-
sureurs qui ne seraient pas tenus au remboursement, puisqu'il n'y aurait pas eu d'objets de risques à bord du navire, au moment du naufrage.* »

M. le rapporteur de la commission se charge
lui-même de répondre à ces objections et de
combattre ce système, nous ne saurions mieux
faire que de continuer à le citer :

« Était-il juste, poursuit-il, d'étendre au cas
de perte du navire, l'application de l'art. 216,
et de décider que, quand le navire vient à périr l'armateur peut s'affranchir aussi de l'obligation de rembourser le prix des marchandises
vendues, par l'abandon du navire et du fret?
Oui, sans doute. Les motifs allégués par Valin et Pothier, et ensuite par le conseil d'État,
pour frapper l'armateur d'une responsabilité
personnelle et indéfinie dans le cas de perte du
navire, ne peuvent résister à un examen sé-
rieux. — Tel armateur, dans le cas dont il
s'agit, a bien assez perdu; et il ne faut pas
ajouter à son désastre l'obligation de payer des
marchandises qui auraient péri si elles n'avaient
pas été vendues. Il peut arriver sans doute que
des marchandises soient sauvées, même alors
que le navire est abîmé dans les flots; mais
c'est là un de ces accidents rares dont le législateur ne peut tenir compte dans les présomp-

tions générales qu'il établit d'après l'expérience de ce qui se passe ordinairement. Il ne faut pas oublier, d'ailleurs, que les marchandises n'ont pas été vendues dans l'intérêt de l'armateur seul, mais encore dans celui des chargeurs qui ne sauraient demeurer complètement étrangers aux éventualités d'une navigation qui a entraîné, pour l'armateur, la perte du navire et du fret.

« Quant à l'objection prise de la privation de recours du propriétaire des marchandises vendues contre ses assureurs, elle repose sur l'idée que l'assurance ne peut être réclamée, parce que ces marchandises ne se seraient plus trouvées exposées aux risques au moment du naufrage. Or, cette idée n'est pas exacte. Lorsque des marchandises sont vendues par le capitaine, en cours de voyage, leur valeur se transforme immédiatement en une créance privilégiée sur le navire et le fret, aux termes de l'art. 191, C. comm. Cette créance, inhérente au vaisseau qui lui sert de gage, est exposée, comme le vaisseau lui-même, à tous les périls de la navigation. Il importe donc peu que la marchandise ait été vendue, ou qu'elle se trouve encore à bord ; pour n'y être plus en nature, elle n'existe pas moins sous la forme d'un droit incorporel et privilégié qui s'identifie avec le navire, et qui est tellement associé à sa fortune, qu'il se conserve ou périt avec lui. Il n'est donc pas vrai de dire qu'il n'y a plus d'objets de risques au moment du naufrage, et partant, les assureurs ne pourront se prévaloir de ce motif pour refuser d'indemniser, dans ce cas, les chargeurs dont les marchandises auront été vendues. S'il restait, au surplus, quelques doutes sur ce point, les polices d'assurances ne manqueraient pas de les dissiper par une stipulation précise qui aurait pour objet de mettre à la charge des assureurs le risque maritime dont il s'agit ici, en assimilant la créance privilégiée résultant du prix des marchandises vendues, aux marchandises qui se trouvaient encore à bord, au moment où le navire vient à se perdre. »

L'opinion d'un homme d'une aussi grande autorité, parlant, en cette occasion, avec le caractère de rapporteur d'une commission dont il connaissait et exprimait officiellement la pensée, est certes la plus sûre interprétation que nous puissions présenter de la loi ; il importait de constater qu'un des motifs qui ont fait admettre la faculté de l'abandon, en cas de pertes du navire et relativement aux marchandises vendues ou mises en gage, en cours de voyage, a été le droit de l'assuré de se faire indemniser, par les assureurs, de la perte provenant de l'abandon, éprouvée sur les marchandises vendues en cours de voyage ; cependant, remarquons bien que l'opinion de la commission de la chambre des députés, sur les droits de l'assuré, n'est elle-même qu'une interprétation de la loi d'assurance maritime, que la chambre n'était pas appelée à interpréter cette loi, que son interprétation n'a reçu aucune forme impérative, que les cours et tribunaux resteront donc libres de reconnaître ou de nier les droits de l'assuré dans les circonstances dont il s'agit ; aussi, M. Dalloz prend-il soin de faire observer que « *les polices d'assurances ne man-* « *queront pas de dissiper tous les doutes, en met-* « *tant, par une stipulation précise à la charge* « *des assureurs,* le risque maritime provenant « de l'abandon, pour celui dont les marchan- « dises sont vendues en cours de voyage *et en* « *assimilant la créance privilégiée résultant du* « *prix des marchandises vendues, aux marchan-* « *dises qui se trouvaient encore à bord au mo-* « *ment où le navire s'est perdu.* » Cependant, nous pensons qu'en l'absence même d'une pareille stipulation dans le contrat, les assureurs seraient responsables, car, au moment même de la vente d'une partie du chargement assuré, après relâche forcée, et pour payer les dépenses que cette relâche et les réparations du navire ont occasionnées, à ce moment là même, l'obligation des assureurs de dédommager l'assuré de la perte de ses marchandises, naît, et l'assuré a contre les assureurs, non-seulement l'action en garantie de la solvabilité du capitaine et du navire, mais encore une action directe et principale, sauf le recours de ces assureurs contre l'armement. C'est ce que la cour de cassation a décidé par arrêt du 3 février 1842 (*Annales,* 1842, p. 110), dont nous donnerons à l'article qui suit, les considérants. C'est aussi l'opinion de M. Pardessus, et la jurisprudence constante du tribunal de Marseille et de la cour royale royale d'Aix.

Art. 15. — Les chargeurs peuvent-ils assurer les nouveaux risques auxquels les assujétit la faculté de l'abandon? — Et en cas d'assurance de leurs marchandises, ces nouveaux risques, quoique non spécifiées, sont-ils compris dans l'assurance?

Nous avons vu, dans l'article précédent, que d'après l'opinion de la commission, les assureurs ne peuvent se prévaloir de ce qu'en cas de perte du navire, les marchandises vendues en cours de voyage n'étaient plus à bord au moment de la perte, pour refuser d'indemniser les chargeurs de ces marchandises assurées.

Mais supposons qu'après que des marchandises assurées auront été vendues en cours de voyage, le navire arrive à bon port, que, nonobstant, l'abandon ait lieu et qu'une perte s'ensuive pour le chargeur de ces marchandises ; la perte qui proviendra de l'abandon sera-t-elle à la charge des assureurs? — S'il y a eu stipulation spéciale sur ce point dans le contrat d'assurance, les assureurs devront réparer la perte provenant de l'abandon.

Quant à la validité d'une pareille stipulation, nous trouvons encore dans le rapport de M. Dalloz à la chambre des députés, une opinion qui doit servir de guide : « Ce qui rassure complètement votre commission, disait le savant jurisconsulte, dans son rapport à la chambre des députés, déjà cité plus haut (*Monit.*, 1er semestre 1841, p. 1376), sur les conséquences du projet à l'égard des chargeurs et même des prêteurs en général, c'est la facilité que les uns et les autres auront, au moyen d'un faible surcroit de prime, de s'assurer contre le risque nouveau que le droit d'abandon du navire et du fret par le propriétaire, pourra leur faire courir ; quelques membres de votre commission avaient d'abord douté qu'il y eût là un risque maritime dont l'assurance fût autorisée par la loi ; mais après un examen approfondi, il a été reconnu qu'il était impossible de méconnaître les caractères d'un risque maritime dans la chance qui existe pour les prêteurs et pour les chargeurs dont les marchandises ont été vendues pour les besoins du navire, de perdre une partie de leur créance, par suite de l'insuffisance du navire et du fret qui pourront leur être abandonnés par le propriétaire. Or, aux termes de l'art. 334, C. comm., l'assurance peut avoir pour objet « les marchandises du « chargement, et toutes autres choses ou va- « leurs estimables à prix d'argent, sujettes aux « risques de la navigation » sous les seules exceptions contenues dans l'art. 347 , exceptions qui n'ont aucun rapport au risque maritime dont il s'agit. »

Il est aussi question dans le rapport de M. Camille Perrier devant la chambre des pairs, du droit qu'ont les chargeurs de faire assurer leur risque provenant de la faculté d'abandon. « Ajoutons, disait M. le rapporteur de la commission de la chambre des pairs (séance du 20

mars 1841, *Monit.* du 25, p. 712), qu'en dehors du contrat d'affrètement, et par l'effet
d'une prévoyance dont l'absence serait inexcu-
sable, il se passe un autre contrat, celui d'assurance, qui, au moyen d'une faible augmentation
de la prime actuelle, probablement atténuée
par une diminution dans le fret, rendra à peu
près insensible pour le chargeur, quand elle
portera sur lui, une part de responsabilité qui
pèse aujourd'hui de tout son poids sur l'armateur et dont il ne peut s'affranchir par l'assurance. »

Nous nous joindrons encore ici aux rapporteurs des commissions de la chambre des pairs
et de la chambre des députés, pour recom-
mander aux chargeurs de stipuler dans les
contrats d'assurance la garantie de l'espèce de
risque provenant de *l'abandon*, mais nous ferons remarquer de nouveau, que *quand même
cette stipulation spéciale n'aurait pas lieu*, le
chargeur dont les marchandises auraient été
vendues en cours de voyage, n'en aurait pas
moins recours contre les assureurs ; en effet,
l'action contre l'assureur est une conséquence
forcée de la vente, car il y a *perte* de la marchandise par le fait même de cette vente, laquelle est le résultat d'une fortune de mer à
la charge des assureurs (C. comm., 552, 554,
569) ; ceux-ci diraient en vain que la marchandise n'est pas *perdue*, qu'à sa place le
chargeur a une action contre le capitaine ou
contre l'armateur, ils doivent être tenus d'in-

demniser le chargeur, en demeurant subrogés à ses droits. Avant les modifications apportées au Code de commerce, Dageville, t. 2, p. 429 et suiv. avait embrassé l'opinion consacrée aujourd'hui par le Code, c'est-à-dire que le propriétaire peut s'affranchir par l'abandon du remboursement des marchandises vendues en cours de voyage, raisonnant sur cette base, il soutenait aussi qu'au moment même de la vente, les assureurs devenaient garants du remboursement et qu'il y avait lieu à délaissement, sauf la subrogation des assureurs aux droits du chargeur.

Nous avons dit, au reste, dans l'article précédent, qu'il existe sur cette question importante, un arrêt récent de la cour suprême. Par cet arrêt, en date du 3 février 1842 (Dall., 42, 1, 68, *Annales du Droit commercial et maritime*, 1842, p. 110), il a été décidé « que la vente d'une partie du chargement assuré d'un navire après relâche forcée et pour payer les dépenses que cette relâche et les réparations du navire ont occasionées, doit-être considérée comme le résultat d'une fortune de mer; que cette vente est, en effet, une suite et une conséquence de la relâche; qu'elle s'identifie avec elle, et que le dommage qui en résulte se trouve, dès-lors, compris dans les risques mis par l'art. 350, C. comm., à la charge des assureurs; que l'obligation imposée par l'art. 234, aux capitaines et aux propriétaires de navire, de payer aux chargeurs la valeur de ces

marchandises, d'après le cours du lieu de destination à l'époque de l'arrivée du navire, ne
délie pas les assureurs de leur engagement particulier envers le chargeur assuré, mais les autorise seulement à se faire tenir compte de la
somme due par le capitaine ou les armateurs
du navire; que le chargeur a donc le droit de
réclamer des assureurs la différence entre le
montant de cette somme et le prix des marchandises fixé par le contrat d'assurance, C.
comm., 234, 350; » d'après ce même arrêt
les assureurs ne peuvent prétendre, pour échap-
per à cette obligation, « que le droit de l'assuré
à la différence entre le prix des marchandises à
payer par l'armateur et le prix fixé par le contrat d'assurance, constitue le *profit espéré*
énoncé dans l'art. 247, C. comm., ni que
les marchandises vendues n'avaient pu, après
la vente, rester aux risques de l'assureur, et
étaient, par conséquent, soustraites aux conditions du contrat, C. comm., 352, 544; ni
enfin que la prétention de l'assuré de se faire
remettre la valeur entière des marchandises
vendues en route, en abandonnant aux assureurs, à titre de sauvetage, l'indemnité due par
l'armateur, constituerait un délaissement en
dehors des circonstances prévues par la loi, et
dans tous les cas, prohibé par ce qu'il serait
partiel, C. comm., 369, 374, 372, 375.

Nous avons déjà cité l'opinion de Dageville,
conforme à celle de la cour suprême; nous
pourrions citer encore celle de M. *Pardessus*,

n. 845, de *Boulay-Paty*, 4, 259 ; le tribunal de commerce de Marseille et la cour royale d'Aix jugent aussi constamment dans le même sens, il faut donc reconnaître que, même en cas d'absence de stipulation spéciale dans le contrat d'assurance, la perte résultant de la vente en cours de voyage, pour les besoins du navire, de marchandises assurées, doit tomber à l'instant même au compte des assureurs qui sont par conséquent responsables des suites de *l'abandon*.

Quant aux prêteurs à la grosse, l'art. 554, C. com., permet positivement d'assurer les sommes prêtées à la grosse ; *il est impossible, dit M. Dalloz dans son rapport, de méconnaître les caractères d'un risque maritime dans la chance qui existe pour les prêteurs, de perdre une partie de leurs créances par suite de l'insuffisance du navire et du fret qui pourront leur être abandonnés par le propriétaire.* Ici, nous répéterons pour la troisième fois, que, s'il y a dans la chance de subir cet abandon, *un risque maritime*, il doit être compris dans une clause générale de garantie contre tous les risques quelconques, sans stipulation spéciale ; et, cependant, comme cette stipulation spéciale ne nuira jamais, il sera toujours plus sûr de l'employer, surtout si les risques sont détaillés et spécifiés dans la police. Car en mentionnant les uns, on pourrait être censé exclure les autres, surtout ceux qui ne sont pas usités dans les habitudes des assureurs et dans les polices ordinaires.

Art. 14. — De la responsabilité du capitaine, propriétaire ou non propriétaire du navire.

Le nouvel article 216, après avoir établi le droit qu'ont les propriétaires de navires, de s'affranchir, par l'abandon du navire et du fret, de la responsabilité provenant des faits du capitaine, et des engagements contractés par celui-ci, ajoute :

« Toutefois, la faculté de faire abandon n'est « point accordée à celui qui est en même temps « capitaine et propriétaire ou co-propriétaire « du navire. Lorsque le capitaine ne sera que « co-propriétaire, il ne sera responsable des « engagements contractés par lui, pour ce qui « est relatif au navire et à l'expédition, que « dans la proportion de son intérêt. »

« Si le capitaine co-propriétaire, disait M. Perrier, rapporteur de la commission de la chambre des pairs (séance du 20 mars 1841, *Monit.* du 23, p. 715), restait responsable de toute la perte liquidée sur les marchandises vendues ou les emprunts contractés, lorsque les autres intéressés en seraient libérés, sa condition deviendrait plus fâcheuse qu'elle ne l'est sous la législation qu'il s'agit de réformer ; car, aujourd'hui, hors le cas de faillite de ses co-intéressés, il ne supporte que sa quote part proportionnelle de la responsabilité indéfinie. »

En effet, en thèse générale, le capitaine n'étant que le *mandataire* de l'armateur ou des propriétaires du navire, n'est pas responsable des engagements qu'il prend en leur nom et dans la limite de ses pouvoirs.

« De nos jours, et depuis longtemps déjà, tous les commerçants considèrent l'armement et l'expédition d'un navire comme une opération qui se fait pour le compte des propriétaires dont le capitaine du navire est le *préposé*, or, celui qui figure dans une convention comme *préposé* d'une autre personne, ne s'oblige pas lui-même ; c'est la personne elle-même qui l'a préposé qui s'oblige par son entremise. *On s'engage, non-seulement par soi-même, mais encore par autrui, lorsqu'il paraît clairemement que l'on a voulu établir quelqu'un pour nous servir d'instrument à contracter quelque obligation. De là il paraît que l'action contre un propriétaire de navire pour le fait de son capitaine, et l'action contre un négociant pour le fait de ses facteurs ou commis, sont fondées sur le droit même de nature* (1). Ainsi, lors même qu'un capitaine aura dit, comme c'est l'usage, *je m'oblige...*, la coutume universelle, comprendra toujours, que dès qu'il a énoncé sa qualité de *capitaine*, et qu'il a traité pour un objet relatif à l'expédition qui lui est confiée, c'est comme *préposé* des propriétaires connus ou inconnus des créanciers, qu'il s'est exprimé de la sorte, et que, dans la vérité, ce sont les proprié-

______

(1) Grotius, *De Jure belli ac pacis*, liv. 2, chap. 11, §§ 12 et 15 ; cité par Frémery.

taires représentés par le capitaine, qui sont engagés, et nullement le capitaine, qui n'agit que comme représentant d'autrui. Frémery, *Études du Droit commercial*, ch. XXVII, p. 195, 196.

Tel était le droit avant la promulgation de la loi nouvelle; tel il est encore.

Si donc le capitaine n'est pas propriétaire ou co-propriétaire du navire, il ne répond aucunement des engagements qu'il contracte comme capitaine, pour son navire.

Avant les modifications apportées au Code de commerce, le capitaine co-propriétaire, dit M. Camille Périer, répondait, *en cas de faillite de ses co-intéressés*, d'une manière *indéfinie*, des engagements qu'il avait contractés. Mais s'il en répondait, c'était comme *co-propriétaire* et non comme *capitaine*. Ainsi que nous l'avons dit ci-dessus, § 2, plusieurs auteurs ont en effet adopté l'opinion de la solidarité des co-propriétaires de navires. Valin, sur l'ordonnance, liv. 2, tit. 8, art. 2, p. 69; Pothier, *Louage maritime*, nº 50; Pardessus, *Cours de Droit commercial*, t. 5, nº 664, pensent que les co-propriétaires de navires sont obligés *solidairement* lorsque le capitaine a contracté; Frémery, dans une note, p. 196, au chapitre déja cité, se range à l'avis de ces auteurs. — L'opinion que nous avons émise ci-dessus, § 2, nous aurait porté à combattre ce système; du moment, en effet, où nous avons reconnu que les co-propriétaires ne sont pas

5**

solidaires des obligations contractées par l'armateur, nous devons reconnaître aussi qu'ils ne sont pas solidaires de celles contractées par le capitaine, et qui retombent sur l'armement. — Telle aurait été notre opinion avant les modifications apportées au Code de commerce ; mais la faculté d'abandon étant aujourd'hui accordée, cette question ne peut plus se présenter, au moins relativement à la responsabilité du capitaine co-propriétaire ; nous verrons à l'art. 16, ci-après, comment se fait d'*abandon* et les suites qu'entraînerait, à l'égard du capitaine et des autres co-propriétaires, le défaut d'abandon de la part de l'armateur.

Le capitaine n'a donc jamais pu être regardé comme responsable *indéfiniment* des engagements contractés par lui, *qu'en sa qualité de co-propriétaire*, mais, nous le répétons, en supposant que cette doctrine dût être adoptée, elle serait sans fondement aujourd'hui, puisque le nouvel art. 216 dit formellement : « que le capitaine, *co-propriétaire*, ne sera res- « ponsable des engagements contractés par lui, « pour ce qui est relatif au navire et à l'expédi- « tion, que *dans la proportion* de son intérêt».

Remarquons que cette disposition nouvelle de l'art. 216, ne s'applique *qu'aux engagements* contractés par le capitaine. Il répondrait indéfiniment et intégralement, co-propriétaire ou non, des faits dommageables, délits et quasi-délits qu'il commettrait dans sa gestion.

« Tout capitaine, maître ou patron chargé

« de la conduite d'un navire ou autre bâtiment
« est garant de ses fautes même légères, dans
« l'exercice de ses fonctions». C. comm., 221.

« Tout capitaine de navire engagé pour un
« voyage est tenu de l'achever, à peine de tous
« dépens, dommages-intérêts, envers les
« propriétaires et les affréteurs, » C. comm.
238.

« En cas de contravention aux obligations
« imposées par les art. 224, 225, 226, 227,
« (relatifs aux registres de bords, à la visite du
« navire, aux pièces de bord, au connaisse-
« ment, charte-partie,) le capitaine est respon-
« sable de tous les événements, envers les inté-
« ressés au navire et au chargement. » C. comm.,
228.

« Le capitaine répond également de tout le
« dommage qui peut arriver aux marchandises
« qu'il aurait chargées sur le tillac de son vais-
« seau, sans le consentement par écrit du
« chargeur... ». C. comm., 229.

« Le capitaine ne peut abandonner son navire
« pendant son voyage, pour quelque danger que
« ce soit, sans l'avis des officiers et principaux de
« l'équipage, et, en ce cas, il est tenu de sauver
« avec lui l'argent, et ce qu'il pourra des mar-
« chandises les plus précieuses de son charge-
« ment, sous peine d'en répondre en son pro-
« pre nom. Si les objets ainsi tirés du navire
« sont perdus par quelque cas fortuit, le capi-
« taine en demeurera déchargé » C. comm.
241.

·Nous citons ces articles comme exemples de cas où le capitaine peut être déclaré responsable personnellement et au-delà des limites ordinaires et de son intérêt dans le navire.

Art. 15. — En quoi consiste l'abandon? — L'assurance du navire doit-elle en faire partie?

L'abandon, d'après le nouvel art. **216**, comprend *le navire et le fret*, c'est-à-dire que le navire doit être abandonné aux prêteurs, aux chargeurs, à tous ceux qui ont action à exercer contre les propriétaires à raison du navire, et dont le navire est la garantie.

Nous verrons ci-après, art. **17**, comment doivent s'exercer les divers privilèges assis sur le navire, et dans quel rang doivent venir les chargeurs, prêteurs à la grosse, et autres prêteurs, soit lorsqu'ils sont en concurrence avec le fisc, pour les délits du navire, soit lorsqu'ils sont en concurrence avec d'autres créanciers, soit lorsqu'ils sont en concurrence entre eux.

Dans cet article, nous nous bornerons à examiner si, lorsque le navire a été assuré, l'assurance doit faire partie de l'abandon. — Voici comme s'exprimait sur ce point M. Camille Périer, rapporteur de la commission de la chambre des pairs (séance du **20** mars **1841**, *Monit.* du **23**, p. **713**): « dans le cas d'abandon du navire, l'armateur sera-t-il tenu d'abandonner aussi le bénéfice de l'assurance dont le navire aurait été l'objet ? La commission s'est prononcée pour la négative; l'obligation d'abandonner l'assurance détruirait presqu'entièrement l'effet de la loi ; son but est d'empêcher que, désormais, la fortune de terre de l'armateur puisse être compromise par les hasards de la navigation ; si l'abandon de l'assurance doit être la conséquence nécessaire de l'abandon du navire, ce que l'armateur ne perdrait plus désormais, parce que la loi aurait limité sa responsabilité, il le perdrait sur le navire, car, dans le cas d'abandon, sa valeur serait irrévocablement perdue pour lui, sans aucune atténuation, puisque la prévoyance qui le lui aurait fait assurer profiterait à d'autres.

« Il y a sans doute un danger à prévenir ; il ne faut pas que l'armateur à qui les affréteurs confient leur fortune, qui a le choix du capitaine, et par lui la direction de tout ce qui se rattache à l'expédition, n'ait qu'un intérêt trop faible et surtout qu'il ait un intérêt contraire à la conservation du navire ; il faut des garanties contre toute négligence de sa part qui compromettrait le sort de l'assurance et la vie des hommes de l'équipage ; au besoin il en faudrait contre de coupables spéculations ; le Code y a pourvu en prohibant l'assurance du fret et du loyer des gens de mer.

« L'armateur sera toujours intéressé, presque toujours le plus intéressé, à n'être pas réduit à user de la faculté que lui donnera la loi de se libérer par l'abandon du navire ; il perdrait tout le fruit utile de l'expédition, une partie des frais faits pour le voyage et la prime d'assurance.

5***

« On ne doit pas craindre, d'ailleurs, que cette garantie devienne illusoire par l'assurance du fret en violation de la loi; la sanction de celle-ci, si elle pouvait être impuissante, serait aidée, cautionnée même, par l'intérêt de l'assureur; comme il aurait à souffrir plus encore que le chargeur de l'imprudence ou de la déloyauté de l'armateur, il ne se privera pas volontairement des moyens que lui offre l'observation fidèle de la loi pour s'en mettre à couvert. — La rédaction du 2e paragraphe de l'art. 216 du projet du gouvernement que nous vous proposons d'adopter, tranche la question par son silence, dans le sens que nous venons d'indiquer. »

Dans la discussion devant la chambre des pairs, M. Persil proposa d'ajouter, contrairement au vœu de la commission, après ces mots de l'art. 216, *il peut, dans tout les cas, s'affranchir des obligations ci-dessus par l'abandon du navire et du fret*, ceux ci : *ainsi que de l'assurance.* Cet amendement fut rejeté (Séance du 17 avril 1841, *Monit.* du 18, p. 1022).

Enfin M. Dalloz, rapporteur de la commission de la chambre des députés, après avoir rappelé les motifs donnés par M. Périer devant la chambre des pairs, et ceux tirés de l'exposé du garde-des-sceaux devant la même chambre, ajoutait : « Il a donc paru impossible de s'arrêter à la proposition d'obliger le propriétaire à abandonner, avec le navire et le fret, le bénéfice de l'assurance, quoique M. Pardessus présente cet abandon de l'assurance comme une conséquence naturelle de l'art. 216 ; et en effet, lorsque l'armateur n'a pas fait assurer son navire, il suffit qu'il l'abandonne avec le fret pour s'affranchir de toute responsabilité des engagements du capitaine ; on ne lui demande rien de plus. Pourquoi donc si l'armateur s'est fait assurer, moyennant une prime plus ou moins élevée qu'il a payée, pourquoi les prêteurs à la grosse et les chargeurs viendraient-ils recueillir le fruit d'un contrat dont ils n'ont point fourni la prime et auquel ils sont demeurés complétement étrangers ? (ch. des députés, séance du 15 mai 1841, *Monit.* du 18, p. 1576.) « Votre commission a donc pensé qu'il n'y avait aucun motif d'enlever à l'armateur, déjà privé du droit de faire assurer le fret et les loyers de l'équipage, celui de profiter de l'assurance du navire. »

En présence de ces opinions aussi officiellement exprimées par les rapporteurs des commissions des deux chambres, et du rejet de l'amendement de M. Persil, rejet qui limite l'abandon aux deux seuls objets désignés par la loi, *le navire et le fret*, on ne peut penser que l'assurance doive y être comprise.

Art. 16. — Dans quel délai doit être fait l'abandon ? — Peut-il et doit-il être fait par l'armateur seul ? — A qui doit-il être fait ? — Cas de plusieurs créanciers privilégiés sur le navire.

Sous cet article nous examinerons successivement ces diverses questions, toutes nouvelles, et qui n'ont encore été éclaircies par aucun précédent.

§ 1er.

Dans quel délai doit être fait l'abandon ?

Cette question n'offrirait pas grande difficulté relativement aux marchandises vendues ou mises en gage en cours de voyage. Comme le propriétaire du navire ne doit *tenir compte de ces marchandises que d'après le cours des marchandises de même nature et qualité dans le lieu de la décharge du navire, à l'époque de son arrivée,* **C. comm., 254,** il est naturel de penser que le paiement ne pourra en être exigé qu'après l'arrivée du navire, ou, s'il a fait naufrage, après la connaissance acquise de ce naufrage. Le propriétaire saura, dès-lors, s'il doit ou non faire abandon, et il devra se décider, sur la demande qui lui sera faite du paiement des marchandises.

Mais l'emprunt contracté en cours de voyage peut donner lieu à de plus grandes difficultés; nous avons vu que le capitaine s'engage ordinairement, ou engage l'armateur au moyen d'une traite qu'il tire sur celui-ci.

Nous avons dit, art. 6 *in fine,* qu'il fallait distinguer, quant au droit d'exiger le paiement de la traite à l'instant de son échéance, entre le cas de prêt ordinaire et de prêt à la grosse aventure; en effet, « si les effets, sur « lesquels le prêt à la grosse a eu lieu, sont

« entièrement perdus, et que la perte soit ar-
« rivée par cas fortuit, dans le temps et dans
« lieu des risques, la somme prêtée ne peut
« être réclamée, C. comm., 525; — En cas
« de naufrage, le paiement des sommes em-
« pruntées à la grosse, est réduit à la valeur
« des effets sauvés, et affectés au contrat,
« déduction faite des frais de sauvetage, C.
« comm., 527. — Si l'armateur ne doit le
montant de l'emprunt qu'autant que son navire est arrivé à bon port, et seulement déduction faite des avaries, on ne peut nécessairement exiger de lui qu'il paie avant d'avoir été
informé du sort de son navire. Si donc, la
traite lui est présentée avant qu'il ait reçu ces
informations, il peut en différer le paiement.
Cette conséquence paraît forcée, et cependant,
d'après l'art. 313, C. comm., « Tout acte de
« prêt à la grosse peut être négocié par la voie
« de l'endossement, s'il est à ordre. — En ce
« cas, la négociation de cet acte a les mêmes
« effets et produit les mêmes actions en ga-
« rantie que celle des autres effets de com-
« merce; » et la Cour de cassation semble,
dans son arrêt du 5 janvier 1841, que nous
avons cité plus haut, art. 6, croire que, d'après
l'art. 513, le paiement d'un contrat à la grosse,
fait à ordre, ne peut être *différé*. — Quoi qu'il
en soit, nous pensons qu'en présence des articles 525 et 527, il est impossible de soutenir
que l'armateur est obligé de payer le montant
d'une traite tirée sur lui pour paiement d'un

contrat à la grosse, avant d'avoir connu le sort du navire, et s'il y a eu ou non des avaries.

Mais en serait-il de même d'une traite tirée pour *simple emprunt*, pour *emprunt ordinaire* contracté par le capitaine en cours de voyage? Le propriétaire du navire pourra-t-il, lorsqu'on lui présentera la lettre de change tirée sur lui par le capitaine, dire : Je ne paierai pas avant de savoir quel a été le sort du navire, je veux attendre à savoir s'il est ou non de mon intérêt de faire abandon.

La condition, faite aux prêteurs par la loi, est rigoureuse et tout-à-fait exceptionnelle ; on conçoit que le prêteur à la grosse qui prend une prime énorme ou un énorme intérêt, qui, par la nature même de son contrat, se soumet à tous les risques du navire, soit obligé d'attendre avant d'exiger le paiement, que ces risques soient déterminés ; mais le prêteur ordinaire ne se soumet pas aux mêmes conditions ; il ne stipule pas un aussi fort intérêt ; la loi, d'ailleurs, par aucune de ses dispositions, ne l'oblige à attendre, pour demander son paiement, que le sort du navire soit connu. Aussi, ne pensons-nous pas que l'armateur puisse différer de se prononcer quand on lui présente la traite ; il faut ou qu'il paie ou qu'il fasse abandon.

Il est vrai qu'après le paiement d'une première traite, une seconde pourra lui être présentée si le navire a été forcé par de nouvelles avaries de faire un nouvel emprunt ; il est vrai que, si le navire se perd après le premier emprunt contracté, l'armateur regrettera de n'avoir pas fait abandon; qu'il aurait fait abandon, s'il avait connu cette perte; mais sa position n'est-elle pas assez favorable, et celle du prêteur assez rigoureuse pour que l'on doive dire que le choix du moment de l'abandon ne peut être laissé au propriétaire du navire?

Cette objection que nous discutons, sur la présentation *successive* de traites en paiement d'emprunts faits à des époques diverses, pour les besoins du navire, avait été signalée par M. de Kerbertin, lorsque le projet de loi sur les propriétaires de navires fut proposé, une première fois, à la chambre des députés. A la séance du 24 janvier 1840 (*Monit.* du 25, p. 185), M. de Kerbertin disait : « Si le capitaine peut contracter des emprunts en cours de voyage, le propriétaire doit y faire honneur, et comme les emprunts sont à court terme, que le capitaine, en les faisant, remet des traites sur l'armateur, que ces traites peuvent être présentées successivement, vous voyez la position où se trouve le propriétaire ; si on lui disait : *il n'y aura plus de traites*, il se déciderait à payer celle qu'on lui présente, ou à faire l'abandon ; mais pas du tout, les traites arrivent les unes après les autres, et, en payant une première, il ignore s'il y en aura une seconde, une troisième, une quatrième ! Que voulez-vous qu'il fasse? Vous le laissez dans l'impossibilité de profiter de l'art. 216. »

M. le Garde-des sceaux répondait que c'é-
tait aux tribunaux et à la cour de cassation à
interpréter sur ce point la responsabilité des
propriétaires de navires ; que tant que la lutte
judiciaire ne serait pas épuisée, le législateur
aurait tort d'intervenir.

Un amendement qu'avait proposé M. de
Kerbertin, tendant à ce que « les emprunts ordinaires contractés par le capitaine dans les cas
et avec les formalités voulues, ne fussent exi-
gibles contre le propriétaire, à moins de mandat spécial de sa part, qu'après le voyage, et
sauf le bénéfice du deuxième paragraphe de
l'art. 216 » ne fut pas appuyé.

Mais le peu de faveur dont jouit cet amendement ne saurait avoir aucune signification,
car, d'une part, le projet de loi qui donna lieu
à cette première discussion, fut retiré après
avoir été présenté à la chambre des pairs (V.
ci-après, art. 17); d'autre part, le motif, pour
lequel le gouvernement n'appuya pas l'amendement, fut la crainte même d'influencer l'interprétation des cours et des tribunaux.

Au reste, sous l'empire de l'ordonnance de
1681, les auteurs n'étaient pas d'accord relativement au droit qu'aurait eu le capitaine
d'emprunter, en cours de voyage, pour les besoins du navire autrement que par contrat à la
grosse, par exemple au moyen d'une lettre de
change tirée sur l'armateur ; Emérigon, t. 2,
p. 458, pensait que le capitaine ne pouvait
qu'emprunter à la grosse ou vendre les mar-

chandises de son chargement ; que s'il tirait des lettres de change sur les armateurs, cet engagement, quoique conçu en nom qualifié, lui était personnel, attendu qu'il avait excédé son mandat légal ; Valin était d'une opinion contraire ; sous le Code de commerce, aucun doute n'est permis à cet égard puisque l'article 234 autorise *l'emprunt*, sans spécifier *l'emprunt à la grosse*.

Mais il faut, dit Boulay-Paty, t. 1, tit 4, sect. 15, que le capitaine donne avis de la lettre de change à son armateur, le plus promptement qu'il le peut, afin que celui-ci puisse ajouter la somme à la valeur qu'il a donnée au navire et la faire assurer, s'il le juge à propos. Il faut, en outre, que la lettre de change énonce formellement que c'est pour les besoins du navire, sans quoi, dit Valin, le propriétaire serait *en voie de décharge.*

§ 2.

L'abandon peut-il être fait par l'armateur seul ? — Responsabilité de l'armateur à l'égard des co-propriétaires. — L'abandon peut-il être fait partiellement ? — Quelle est, en cas de non-abandon, la responsabilité des co-propriétaires.

Nous avons vu, au commencement de ce traité, que les propriétaires d'un navire choisissent ordinairement l'un deux pour la gestion du navire, et que ce mandataire reçoit le nom

4

d'armateur ; nous avons dit aussi que, souvent, les propriétaires du navire ne sont pas connus, ou du moins qu'ils ne le sont que de l'armateur ; que leur nom n'est pas toujours inscrit sur l'acte de francisation ; dans le premier, comme dans le second cas, c'est à l'armateur seul qu'il appartient de déclarer ou non l'abandon, sauf sa responsabilité à l'égard de ses co-propriétaires.

Entre l'armateur et les co-propriétaires du navire, les obligations résultant de l'abandon ou du défaut d'abandon, se règlent d'après le droit commun sur le mandat, puisque la gestion de l'armateur a lieu en vertu d'un mandat que lui donnent ses co-propriétaires.

Si l'armateur fait abandon, les co-propriétaires seront tenus par cet abandon. S'il paie les traites tirées sur lui ou les marchandises vendues en cours de voyage, il est bien évident que le paiement aussi sera définitif et que les co-propriétaires ne pourront exercer la répétition.

Mais si l'armateur, sans acquitter les obligations contractées par le capitaine, ne se prononce pas sur l'abandon, soit parce qu'il prétend qu'il a droit d'attendre la fin du voyage, soit pour tout autre motif, les co-propriétaires pourront-ils exercer eux-mêmes, chacun en ce qui les concerne, le droit d'abandon ? S'ils sont encore dans les délais, nous pensons qu'ils le peuvent ; l'abandon partiel est formellement autorisé par l'art. 216, en faveur de l'armateur,

lorsque le capitaine est co-propriétaire du navire ; pourquoi ne le serait-il pas à l'égard des
autres co-propriétaires? Il est vrai que si la solidarité avait lieu entre eux, ils se trouveraient
engagés par le refus de l'armateur ; mais nous
avons combattu cette solidarité, et nous regar-
dons la faculté d'abandon *partiel* autorisée par
la loi comme une nouvelle preuve à l'appui
du système que nous avons adopté. — Si les
délais de l'abandon étaient expirés, les co-propriétaires seraient nécessairement liés par le
refus de l'armateur contre lequel on ne pourrait revenir.

Mais alors se présenterait la question de savoir si l'armateur se trouverait seul engagé,
pour le tout, à l'égard des prêteurs, ou à l'é-
gard des chargeurs, dont les marchandises
auraient été vendues en cours de voyage. —
Cette question dépend beaucoup de la manière
dont l'association, entre l'armateur et les autres
propriétaires du navire, a été contractée ; ainsi
que nous l'avons dit plus haut, si les propriétaires du navire ne sont connus que de l'armateur, si leur nom n'est pas sur l'acte de
francisation, s'ils n'ont jamais fait acte de
gestion ni de propriétaires, les tiers qui auront
contracté envers l'armateur, ou à l'égard desquels l'armateur aura encouru une responsabilité illimitée, ne pourront faire retomber de
tout son poids cette responsabilité sur les propriétaires ; ils n'ont pas suivi la foi de ceux-ci,
et du moment où les propriétaires auront aban-

donné leur droit dans le navire, ils seront libérés ; mais si les propriétaires sont portés comme tels sur l'acte de francisation, s'ils sont connus des tiers qui ont contracté avec l'armateur, seront-ils *solidairement* responsables des obligations, ou ne le seront-ils, sans pouvoir faire abandon, que proportionnellement à leur part dans le navire? Nous revenons sur cette question parce qu'elle ne saurait être trop approfondie. — Il se forme, dit Boulay-Paty, t. 1, tit. 3, sect. 5, entre ceux qui achètent ou font construire un navire, une *société maritime*, pour l'exploitation du navire ; cette société ne peut peut pas être regardée comme une *société en commandite*, s'il n'est convenu que tels ou tels associés ne seront obligés que jusqu'à la concurrence des fonds versés par eux (il faudrait, en outre, que les formes de la publicité fussent observées, peut-être aussi que l'objet de la société fût plus susceptible de commandite), le titre d'*armateur*, donné à un des co-propriétaires, ne sauve point les autres de la responsabilité personnelle ; au contraire, ceux-ci sont censés avoir autorisé l'*armateur* à faire *tout et pour le mieux*, dans l'intérêt commun ; c'est une espèce de mandat qui les oblige à exécuter les engagements contractés par le mandataire, conformément aux pouvoirs à lui donnés, C. civ., 1998 ; il est d'ailleurs de principe que la solidarité a lieu de plein droit dans les sociétés de commerce. L'engagement, contracté par l'un des associés, oblige solidairement les autres, à l'égard des tiers. — Telle est l'opinion de Boulay-Paty ; elle peut paraître fondée, nous en avons adopté une autre, § **2**, et nous avons dit que la garantie des co-propriétaires *pour les faits de l'armateur* n'est pas *solidaire*, mais quelle est *indéfinie et proportionnelle à leur intérêt dans le navire*; le caractère de la *participation* que nous avons reconnu dans les sociétés nautiques, la faveur et la protection toutes spéciales dont doivent être entourées ces sociétés, l'interprétation que l'usage du commerce donne à la responsabilité de l'armateur, et d'autre part, la considération que celui-ci ne peut rester chargé seul de la responsabilité *totale*, nous ont conduit à ce *moyen terme*.

Il nous reste encore à examiner si, dans le cas où le nom des propriétaires n'est pas porté sur l'acte de francisation, où le navire est au nom de l'armateur seul, celui-ci indéfiniment et seul responsable envers les tiers, a un recours contre ses co-propriétaires. Le droit de recours dépendra nécessairement des termes de la convention, de l'interprétation qui lui sera donnée. Le plus souvent ceux qui apportent des fonds pour la construction d'un navire ne croient pas s'engager au-delà de la portion qu'ils y acquièrent, et l'armateur lui-même, ou celui qui doit le devenir, qui se charge de l'opération, ne les regarde comme engagés que jusqu'à concurrence de leur mise : Si un acte de société en participation était dressé et que les droits et la responsabilité des associés y fussent définis, nulle difficulté ; mais il n'est pas rare que ces droits ne résultent que du reçu qu'on leur donne en échange de leur versement, dans lequel reçu on leur reconnaît une part dans les rapports du navire, proportionnelle à leur mise. Il s'ensuivrait naturellement qu'ils doivent contribuer aux pertes dans la même proportion, et cependant, nous le répétons, la plupart de ceux qui consacrent leurs fonds à ces entreprises, capitalistes non-négociants ou petits rentiers, ne veulent s'exposer à perdre *que leur action*; l'intention commune des parties contractantes et l'usage pourraient faire interpréter ainsi le contrat en leur faveur, nous devons même ajouter que quelques-uns n'ont vu entre les co-propriétaires de navire qu'une co-propriété dépourvue de tout caractère d'association ; la cour de Rouen, par arrêt du 19 juillet 1839, Dall. 40-2-106, a jugé dans ce sens et rejeté la prétention d'un co-propriétaire qui, sous prétexte qu'il s'agissait d'association, demandait qu'une contestation entre lui et son co-propriétaire fût portée devant la juridiction arbitrale. — Quoiqu'il en soit, il serait beaucoup plus prudent et plus sûr qu'un acte fût dressé dans lequel seraient arrêtés les droits, les charges et la responsabilité de toutes les parties.

Il est à regretter que la loi de 1841, au lieu de porter à la responsabilité des propriétaires de navires, des modifications que les meilleurs esprits de la chambre des pairs et les magistrats les plus expérimentés ont regardées comme dangereuses (V. ci-après, art. 17), n'ait pas réglé la société entre les co-propriétaires.

L'importance des sociétés nautiques est assez grande et assez évidente pour qu'on leur applique des règles spéciales ; la France, entourée d'une riche ceinture de mers, appelée, par conséquent, à une grande puissance maritime commerciale, ne saurait veiller avec assez de soin aux intérêts de ceux qui consacrent leurs capitaux à ces entreprises. On devrait s'étudier surtout, à faciliter l'apport du modique superflu que les petits capitalistes abandonnent aux périls des mers, en les garantissant contre toute espèce de pertes supérieures à leurs mises. Le vœu en a été exprimé à la tribune de la chambre des pairs par M. le vicomte de Villiers du Terrage, l'un des membres de la commission du projet de loi sur la responsabilité des propriétaires de navire. « Je signalerai, disait-il, en terminant son discours devant la chambre (séance du 15 avril 1841, *Monit.* du 16, p. 888), une lacune qui me paraît exister dans nos lois, relativement au sujet qui nous occupe. Les rapports entre les co-propriétaires de navires devraient être réglés, et ils ne le sont pas. Une solidarité trop compromettante existe entre eux, cette solidarité doit empêcher l'apport de bien des mises dans les associations pour la construction des navires. Là, pourtant, l'association est plus utile que partout ailleurs et mérite d'être encouragée. »

§ 5.

A qui doit être fait l'abandon ? — Cas de plusieurs créanciers privilégiés sur le navire.

La question de savoir à qui doit être fait l'abandon, peut donner lieu à quelques difficultés.

Ainsi, un emprunt à la grosse aura été contracté sur le navire, et de plus, les marchandises des chargeurs auront été vendues, soit pour réparer les avaries mêmes qui ont nécessité l'emprunt à la grosse, soit pour réparer d'autres ou de nouvelles avaries.

L'armateur, dans ce cas, pourra faire l'abandon au premier réclamant qui se présentera ; mais comme l'abandon ne rend pas celui auquel on le fait, propriétaire du navire, et qu'il lui donne seulement le droit de se faire payer sur la valeur, sur le prix du navire, il s'ensuit que tous prêteurs ou affréteurs auront droit de se présenter pour partager cette valeur, ce prix ; nous examinerons sous cet article même, comment se fait ce partage, si tous les réclamants viennent par contribution, ou s'il existe un droit de priorité.

Mais, outre ceux qui réclament, soit pour prêt, soit pour marchandises vendues en cours de voyage, plusieurs autres peuvent avoir des droits sur le navire ; par exemple, le fisc, en cas de délit de l'armateur ou du capitaine, le plaignant par suite d'abordage, l'assureur auquel le délaissement a été fait, etc. Comment se règle-

ront ces droits divers? Existera-t-il des priviléges, et quel sera l'ordre de ces priviléges?

Quant aux assureurs, les art. 569, 372,
385, C. comm., autorisent le propriétaire à
leur faire *le délaissement* dans les cas prévus;
de là naît la question de savoir si *l'abandon*
aux chargeurs ou prêteurs est indépendant du
délaissement aux assureurs, si le *délaissement*
et *l'abandon* peuvent se faire simultanément;
une différence notable existe entre cet abandon et le délaissement : par le délaissement,
la propriété des objets assurés est acquise aux
assureurs; ils s'en partagent le produit au
marc le franc des sommes qu'ils ont assurées,
soit qu'il y ait perte ou bénéfice, C. comm.,585.

« 'L'art. 216, dit Boulay-Paty, t. 1, tit. 5;
section 1, n'attache point un pareil effet à l'a-
bandon qu'il autorise, c'est une simple déclaration du propriétaire du navire de ne prétendre rien à cette propriété; c'est un simple
renvoi du chargeur à l'effet qu'il se pourvoie
pour se faire payer contre *les choses* seulement
et non contre *la personne* du propriétaire dont
l'obligation est plus *réelle* que *personnelle*;
mais, à la différence de l'assureur, le chargeur
n'est pas rendu propriétaire du navire; il ne
peut que se faire payer sur le navire, jusqu'à
concurrence de ce qui lui est dû, sans pouvoir
jamais faire de benéfice de l'abandon : c'est
un abandon du même genre que celui de l'hé-
ritier qui renonce à la succession pour n'être
pas tenu d'en payer les charges, (C. civ. 784,

802), abandon qui ne rend pas les créanciers
propriétaires ; du même genre que celui du
tiers détenteur, acquéreur d'un immeuble hy-
pothéqué qui peut délaisser cet immeuble pour
n'être pas tenu de répondre aux créanciers
hypothécaires (C civ. , 2168), du même genre
que celui du débiteur qui fait cession. — De
là il suit que l'armateur peut, par l'abandon,
renvoyer les chargeurs vers les assureurs de-
venus propriétaires du navire et du fret, par
le délaissement, et faire ainsi, à la fois, abandon et délaissement ; ce délaissement n'est pas
pour cela partiel, car, obligé de leur délaisser
toute la chose, qui est le navire avec son fret,
le propriétaire assuré n'est pas, pour cela,
obligé de l'affranchir des dettes dont elle est
grevée et qui sont les faits du capitaine, admi-
nistrateur de cette chose ; ces dettes sont une
charge naturelle de la chose, qui en diminue
la valeur, et qui n'empêche pas que sa transmission, sous cette charge, ne soit inté-
grale. »

Cette doctrine est juste et vraie, si les engagements contractés par le capitaine l'ont été
suivant les formes et dans les cas prévus par
la loi, ou si en cas de méfaits du capitaine les
assureurs se sont portés responsables de la baratterie de patron. Mais si les engagements du
capitaine proviennent de faits illicites ou de
quasi-délits, et si les assureurs n'ont pas ga-
ranti la baratterie du patron, il est évident
qu'on ne pourra mettre à leur charge la res-

ponsabilité qui résulterait de cette baratterie pour les propriétaires du navire assuré ; mais aussi, dans ce cas n'y aura-t-il pas lieu à *délaissement ?* les droits des intéressés, par suite des actes du capitaine, s'exerceront indépendemment de toute contestation entre les assurés et les assureurs ; la difficulté ne pourra donc pas naître.

Les assureurs pourraient, au reste, dans tous les cas, comme les propriétaires aux droits desquels ils se trouvent, s'affranchir de tout paiement, en abandonnant le navire et le fret.

Nous ajouterons que, d'après l'art. 551, C. comm., « S'il y a contrat à la grosse et assurance sur le même navire ou sur le même chargement, le produit des effets sauvés du naufrage est partagé entre le prêteur à la grosse *pour son capital seulement* et l'assureur pour les sommes assurées au marc le franc de leur intérêt respectif, sans préjudice des priviléges établis à l'art. 191. »

Quant à la concurrence et aux droits de préférence entre les prêteurs et propriétaires de marchandises vendues, et les autres créanciers privilégiés sur le navire, il faut se reporter à l'art 191, C. comm., qui règle l'ordre des divers priviléges.

« Les navires sont affectés aux dettes du vendeur, et spécialement à celles que la loi déclare privilégiées, C. comm., 190. »

La loi ne reconnaît que deux sortes de créanciers : *les privilégiés*, dont le rang est fixé par l'art. 191, et les *non-privilégiés*, qui sont payés par contributions entre eux. — Et, sous ce rapport, aucune innovation n'a été apportée à l'ancien droit par la loi de 1841, puisque cette loi n'a fait qu'affranchir le propriétaire du navire de la responsabilité illimitée, sans rien changer aux droits des chargeurs ou des prêteurs sur le navire abandonné ou non-abandonné

Quant aux droits de préférence entre les prêteurs et propriétaires des marchandises eux-mêmes, les priviléges pour marchandises vendues et pour prêts faits pendant le voyage, sont mis sur le même pied par l'art. 191, n° 7; les prêteurs et les chargeurs doivent donc venir en concurrence.

Cependant, il est nécessaire de faire observer, sur cette règle générale, que, lorsqu'il y a plusieurs prêts ou ventes faits à différentes époques et en divers endroits, et toujours pendant le même voyage, il n'y a pas concurrence; mais que l'on suit l'ordre inverse de la priorité; ainsi, le dernier emprunt est préféré à l'avant-dernier, celui-ci au précédent, et ainsi en remontant, suivant les dispositions de l'art. 523. Il en est de même pour les ventes de marchandises. Boulay-Paty, t. 1, tit. 1, sect. 2.

L'art. 523, C. comm., porte, en effet, que « s'il y a plusieurs emprunts faits pendant le voyage, le dernier emprunt sera toujours préféré à celui qui aura précédé. »

Ce principe repose sur la considération que le dernier emprunt est celui qui a contribué le plus à sauver le gage commun. C'est pourquoi il est appliqué également aux marchandises vendues en cours de voyage. Nous reviendrons dans le chapitre qui suit sur les priviléges et l'ordre dans lequel se présentent les créanciers privilégiés.

Le paiement d'un emprunt contracté ou de marchandises vendues pour les besoins du navire dans un voyage autre que *le dernier* fait par ce navire, ne serait pas privilégié, cela résulte des termes mêmes de l'art. 191.

Par arrêts des 26 mars 1825; Dall., 52-2-195; et 25 janv. 1852; Dall., *eod.*, la cour d'Aix a décidé que l'abandon du navire et du fret n'est pas recevable de la part du propriétaire après que la vente judiciaire de ce navire a été poursuivie à son encontre, sans contredit de sa part.

Le propriétaire n'est, au reste, jamais responsable, même sauf abandon, de l'accomplissement des engagements contraires à la morale et aux bonnes mœurs pris par le capitaine; par exemple, de la promesse de faire un chargement de marchandises prohibées par les lois françaises. Aix, 50 décembre 1819.

Art. 17. — De l'influence de la loi nouvelle sur le commerce maritime. — Crédit compromis. — Risques des assureurs augmentés. — Moyen de remédier au mal. — Lettres de crédit.

La loi du 14-17 juin 1841 qui a changé le

droit sur la responsabilité des propriétaires de navires, a été long-temps réclamée par tout le commerce terrestre et maritime. Les fabricants de Lyon, les chambres de commerce de Paris et des autres villes du royaume, les ports de mer, tous se réunissaient pour demander qu'on affranchît l'armateur de la responsabilité *indéfinie* pour les engagements du capitaine, et que l'on permît l'abandon du navire dans le cas d'*engagement*, comme lorsque la responsabilité provenait d'un *fait* ou d'un *délit*. — Cédant à ces réclamations, le gouvernement proposa la loi à la chambre des députés, en 1839; elle ne put être discutée cette année, mais, en 1840, à la séance du 18 janvier, le projet fut repris, adopté à la séance du 24 janvier et porté le 4 février à la chambre des pairs. Là, une forte opposition se prépara. On avait, dès le principe, présenté les plus faux renseignements sur le droit des nations étrangères; il semblait que toutes les nations et surtout les plus commerçantes, n'admissent que la responsabilité *limitée*, et, dans tous les cas, soit de *fait*, soit de *délit*, soit d'*engagement* du capitaine, permissent l'*abandon*. Les membres formant la commission de la chambre des pairs, se trouvèrent divisés sur l'opportunité et l'utilité de la loi; ils demandèrent des explications catégoriques au ministère sur l'état de la législation étrangère; on s'aperçut que la question n'avait pas été assez étudiée, le projet fut retiré le 4 avril 1840.

L'année suivante, après de nouvelles études, un nouveau projet fut reporté aux chambres, et, cette fois, d'abord à la chambre des pairs. Il fut, dans la commission, l'objet des plus sérieuses méditations et des plus graves objections.

A la chambre, la discussion fut ouverte par M. le vicomte de Villiers du Terrage, membre de la commission; après avoir exposé que les législations de l'Angleterre, des États-Unis, de l'Espagne, de la Prusse, du royaume de Naples, déclarent l'armateur tenu, *sur tous ses biens*, des engagements du capitaine, et avoir exprimé ses craintes du danger qu'il y aurait à mettre notre législation en opposition avec la législation de tous ces peuples, les plus commerçants du monde, l'orateur examina le système que l'on voulait changer. « Telle qu'elle existe aujourd'hui, dit-il, la loi a pourvu jusque dans les plus minutieux détails aux intérêts de l'armateur; le prêteur à la grosse n'a droit de lui demander son remboursement que si le navire arrive à bon port; en cas de naufrage, il perd le capital prêté; la loi va plus loin : y a-t-il des avaries, c'est encore le prêteur à la grosse qui les supporte; dèslors, n'est-il pas juste, au moins, que si les réparations faites au navire amènent le succès du voyage, le prêteur soit intégralement remboursé, et qu'on ne puisse pas, à plusieurs milliers de lieues de son domicile, lui abandonner pour paiement un navire toujours usé et fatigué, droit dont l'emprunteur ne fera certainement usage que dans les cas qui, pour le prêteur, seront le plus préjudiciables? Quant aux chargeurs, M. le vicomte pense qu'ils ne doivent pas plus que l'expéditeur de marchandises, qui les charge sur une voiture, contribuer à réparer les accidents arrivés à la voiture ou au vaisseau. Il voit, d'ailleurs, une innovation dangereuse, dans la faculté laissée aux chargeurs de s'opposer à la vente ou à la mise en gage de leurs marchandises, en les faisant débarquer au port de relâche; il trouve cette exception malheureuse, en ce qu'elle détruit un principe exorbitant, mais nécessaire au succès de nos expéditions lointaines, principe duquel il résulte que les marchandises peuvent être, sauf indemnité, sauf paiement ultérieur, sacrifiées à l'existence du vaisseau.

Mais le plus grave inconvénient que le noble pair signale dans le projet, c'est la méfiance, méfiance légitime qui naîtra partout à l'étranger, et empêchera que les capitaines de nos navires trouvent en voyage aucun crédit. « Les emprunts, dit-il, vont devenir impossibles pour les navires français, dès qu'il sera connu que nos armateurs n'en seront responsables que *sauf abandon du navire et du fret*. En vérité, Messieurs, je ne saurais comprendre la demande sur laquelle insiste le commerce maritime, quand des exemples récents, quand des exemples fréquents, prouvent l'extrême difficulté des emprunts à la grosse dans les ports.

éloignés, quand de déplorables catastrophes ont été la suite de cette difficulté ; consultez les annales de la cour royale de Paris pour 1840, vous y verrez que, par impossibilité d'emprunter à la grosse, dans des cas cependant très-favorables, et sous le régime de la responsabilité illimitée, plusieurs navires que je vous nommerai, *les deux Amis*, *la Clio*, *la Laure*, poussés par la tempête à Bourbon, à Monte-Vidéo, n'ont pu se relever de quelques avaries, et par suite, ont été condamnés et vendus à vil prix sur les lieux ; si ces navires avaient trouvé les moyens de se réparer, au lieu d'une perte aussi désastreuse, ils auraient rapporté peut-être les profits d'un heureux voyage ; que sera-ce donc lorsque le prêteur n'aura même plus pour garantie, la responsabilité illimitée de l'armateur ?

« Mais, dira-t-on sans doute, les navires seront assurés ; eh bien, dans le cas d'assurance, ce ne seront plus les armateurs qui supporteront la perte provenant de l'impossibilité de l'emprunt, ce seront les assureurs, mais cette chance ayant été prévue par eux, menacés, comme ils le seront, de pertes inévitables, ils élèveront proportionnellement aussi leurs primes d'assurance ; les marchandises partageront le sort des navires, et ce ne sera désormais qu'à des primes bien plus élevées, que les assureurs en prendront les risques. Armateurs, chargeurs, assureurs, tout le monde y perdra ; la mauvaise fortune du commerce verra seule se multiplier les chances de désastre, ces déclarations d'innavigabilité qui frappent un navire de mort au milieu de son voyage. »

Ce discours excita la discussion ; on vit monter à l'envi à la tribune de la chambre des pairs tout ce qu'elle comprend de magistrats les plus distingués ; M. le comte Portalis, premier président de la cour de cassation, M. Persil, M. Laplagne-Barris, parlèrent longuement et énergiquement contre le projet. Cependant, cédant à cette considération que le commerce, les armateurs et même les villes industrielles de France où se trouvent principalement les chargeurs et affréteurs, réclamaient les modifications apportées par le projet de loi, la chambre adopta.

Notre but, en faisant connaître cette lutte qui se manifesta dans la haute chambre, n'a point été uniquement de signaler les vices du système adopté, nous avons voulu surtout, mettre les armateurs en garde contre les dangers auxquels ce nouveau système soumet la navigation commerciale. Oui, sans doute, les grandes difficultés qui s'opposent, soit aux emprunts ordinaires, soit aux emprunts à la grosse, lorsqu'un navire est obligé d'entrer dans un port de relâche pour se faire réparer, l'impossibilité de trouver à emprunter, rompent tout-à-coup le voyage, le navire est déclaré innavigable et vendu à vil prix.

Un seul moyen se présente pour y remédier ; ce sont les lettres de crédit.

Après avoir signalé les mêmes dangers qui avaient frappé M. le vicomte du Terrage, M. le comte d'Argout disait à la chambre des pairs, séance du 17 avril, *Monit.* du 18, p. 1028 : « Tous les armateurs prudents ont soin de munir leurs capitaines de lettres de crédit. Ils prennent ces lettres soit à Paris, soit à Londres, elles sont signées de noms connus sur toute la surface du globe, et avec elles, le capitaine se procure de l'argent à aussi bon marché qu'il peut en avoir sur les places étrangères. —Tel sera, en effet, le seul remède au défaut de crédit qui résultera de la nouvelle loi, pour notre navigation lointaine ; il est vrai que les armateurs pourront, en assurant leurs navires, se mettre à couvert contre les suites des déclarations *d'innavigabilité relative* ; mais, alors, ce sera sur les assureurs que retombera la perte, et comme ceux-ci n'auront aucun moyen de se garantir, pas même la ressource des lettres de crédit, ils augmenteront nécessairement la prime d'assurance et le mal rejaillira également sur les armateurs.

CHAPITRE IV.

Des priviléges sur les navires. — De la saisie et de la vente des navires.

Article premier. — Des priviléges sur les navires.

Les navires sont, comme tous les autres biens du débiteur, le gage *commun* de ses créanciers, à moins qu'il n'y ait entre ceux-ci des causes légitimes de préférence. C. civ., art. **2093**.

Les navires étant *meubles* de leur nature, ne peuvent pas être hypothéqués, mais ils peuvent être affectés au paiement d'une dette *privilégiée*, C. comm., art. 190, et comme tels, ils sont, à la différence des autres meubles, susceptibles du droit de *suite*, qui permet aux créanciers privilégiés et dont le privilége n'a pas été purgé, de suivre leur gage en quelques mains qu'il passe.

« Sont privilégiées dans l'ordre où elles sont rangées, les dettes ci-après désignées : 1º les frais de justice et autres, faits pour parvenir à la vente et à la distribution du prix ; 2º les droits de pilotage, tonnage, calage, amarrage et bassin ou avant-bassin ; 3º les gages du gardien et frais de garde du bâtiment, depuis son entrée dans le port jusqu'à la vente ; 4º le loyer des magasins où se trouvent déposés des agrès et apparaux ; 5º les frais d'entretien du bâtiment et de ses agrès et apparaux, depuis son dernier voyage et son entrée dans le port ; 6º les gages et loyers du capitaine et autres gens de l'équipage employés au dernier voyage ; 7º les sommes prêtées au capitaine pour les besoins du bâtiment pendant le dernier voyage, et le remboursement du prix des marchandises par lui vendues pour le même objet ; 8º les sommes dues au vendeur, aux fournisseurs et ouvriers employés à la construction, si le navire n'a pas encore fait de voyage ; et les sommes dues aux créanciers pour fournitures, travaux, main-d'œuvre, radoub, victuailles, armement et équipement, avant le départ du navire, s'il a déjà navigué ; 9° les sommes prêtées à la grosse sur le corps, quille, agrès, apparaux pour radoub, victuailles, armement et équipement avant le départ du navire ; 10° le montant des primes d'assurances faites sur le corps, quille, agrès, apparaux, et sur armement et équipement du navire, dues pour le dernier voyage ; 11° les dommages-intérêts dus aux affréteurs, pour le défaut de délivrance des marchandises qu'ils ont chargées, ou pour remboursement des avaries souffertes par lesdites marchandises par la faute du capitaine ou de l'équipage. — Les créanciers compris dans chacun des numéros du présent article, viendront en concurrence, et au marc le franc, en cas d'insuffisance du prix. » C. comm., 191.

Les frais de justices privilégiés sont ceux auxquels donnent lieu la saisie et la vente des navires, suivant les art. 197 et suiv., C. com.; l'adjudication d'un navire ne doit rester chargé d'aucuns frais *ordinaires* ou *extraordinaires*; la distinction établie par les art. 713 et 714, C. proc. (nouveau texte), pour la vente en cas de saisie-immobilière, n'est pas reproduite par le Code de commerce, il n'y a donc pas lieu de distinguer; quant aux frais que fait chaque créancier pour obtenir condamnation, ils n'entrent pas dans les frais de vente, ni par conséquent dans le privilége du premier rang, mais ils suivent le sort de la collocation du créancier. Pardessus, n° 954 ; C. com., 214.

Les gages et loyers du capitaine et autres gens de l'équipage sont privilégiés non-seulement sur le navire et l'armement, mais aussi sur le fret, C. comm., 271.

Nous avons traité au paragraphe qui précède, du privilége des prêteurs en cours de voyage, des prêteurs à la grosse et des chargeurs, dont les marchandises sont vendues pour les besoins du navire.

Les sommes dues au vendeur, aux fournisseurs et ouvriers employés à la construction, ne sont privilégiées que si le navire n'a pas encore fait de voyage ; si le navire a fait un voyage sans opposition de la part du vendeur, celui-ci perd son privilége, non-seulement vis-à-vis des autres créanciers privilégiés, mais même vis-à-vis de tous autres créanciers de l'acquéreur. Aix, 17 juillet 1828, Dall., 28-2-256; Boulay-Paty, 1-122 et suiv.; Dageville, 2-22.

Si le vendeur se trouvait en concurrence avec les ouvriers employés aux réparations faites pour le voyage qui suit immédiatement la vente, ou si un navire avait eu besoin de réparations avant d'avoir navigué, par suite d'un long séjour dans le port où il aurait été construit, les vendeurs, fournisseurs, ouvriers employés à la construction du navire, ou ouvriers employés à sa réparation, viendraient en concurrence sur le prix entier du navire. Pardessus, n° 954; Dageville, t. 2, p. 25.

Lorsque le navire a été construit par un entrepreneur pour le compte d'un tiers, les fournisseurs et ouvriers employés par l'entrepreneur, n'ont aucun droit ni privilége sur le navire, si le propriétaire leur a fait connaître le marché conclu entre lui et l'entrepreneur, ou s'il est prouvé qu'ils en ont eu connaissance. Pardessus, nos 943 et 954. Aix, 30 mai 1827; Dall., 28-2-26. — Ces ouvriers ou fournisseurs connaissant les droits du tiers-propriétaire, ne peuvent que saisir entre ses mains les les sommes par lui dues à l'entrepreneur. — Cette position de ceux qui font construire par entrepreneurs peut devenir dangereuse, puisque le propriétaire du navire, après avoir soldé l'entrepreneur, est encore exposé à voir saisir sa propriété, comme affectée par privilége au paiement des fournisseurs ou ouvriers. Pour obvier à cet inconvénient, il est bon de convenir avec les entrepreneurs, qu'ils ne recevront le complément du prix qu'après l'accomplissement du temps voulu pour la prescription des actions des fournisseurs ou ouvriers, temps que que l'art. 433, C. comm., fixe à un an après les fournitures faites ou la réception des ouvrages.

Si le navire vient à périr, tout privilége s'éteint, et lors même qu'il aurait été assuré par le propriétaire, les créanciers privilégiés ne pourraient exercer leurs priviléges sur la somme à rembourser par les assureurs. Celle-ci devient le gage commun de tous les créan-

-ciers du propriétaire sans distinction de privilége. Emérigon, t. 2, chap. 12, sect 7 ; Boulay-Paty, 1-135 ; Pardessus, 2, n° 957.

Le n° 10 de l'art. 171 , place le privilége des assureurs pour le montant des primes d'assurances après celui des prêteurs à la grosse ; cependant, l'art. 351, C. comm., met l'assureur et le prêteur à la grosse sur le même rang , quant à la participation au profit des effets sauvés du naufrage ; mais il faut remarquer que dans cet article il s'agit du *capital* de l'assurance et des droits sur un navire *naufragé*, tandis que, dans l'art. 191, il est question de la *prime* seulement, et d'un navire rendu à bon port. Ce sont sans doute ces motifs qui ont dicté les dispositions de la loi. Boulay-Paty, t. 1, p. 146.

Nous terminerons nos observations sur l'art. 191, en rappelant que, d'après l'art. 455, C. comm., toutes actions en paiement pour frais de navire, gages et loyers des officiers , matelots et autres gens de l'équipage, sont prescrites un an après le voyage fini ; que toutes actions pour nourriture fournie aux matelots par ordre du capitaine , sont prescrites un an après la livraison ; enfin, que toute demande en délivrance de marchandises chargées sur le navire, se prescrivent aussi un an après l'arrivée du navire.

Outre les priviléges ci-dessus, existe celui du consignataire du navire chargé d'en opérer le désarmement et la vente , et qui aurait fait des avances sur le navire. Ce privilége est réglé par l'art. 95 , C. comm.; Dageville, t. 2, p. 18, pense qu'il doit être placé après tous ceux mentionnés par l'art. 191.

« Le privilége accordé aux dettes énoncées dans l'art. 194, ne peut être exercé qu'autant qu'elles sont justifiées dans les formes suivantes : 1º Les frais de justice seront constatés par des états de frais arrêtés par les tribunaux compétents ; — 2º Les droits de tonnage et autres, par les quittances légales des receveurs ; — 5º Les dettes désignées par les nos 1, 5, 4 et 5 de l'art. 191 , seront constatées par des états arrêtés par le président du tribunal de commerce ; — 4º Les gages et loyers de l'équipage, par les rôles d'armement et désarmement arrêtés dans les bureaux de l'inscription maritime ; — 5º Les sommes prêtées et la valeur des marchandises vendues pour les besoins du navire pendant le dernier voyage, par des états arrêtés par le capitaine , appuyés de procès-verbaux signés par le capitaine et les principaux de l'équipage, constatant la nécessité des emprunts ; — 6º La vente du navire par un acte ayant date certaine, et les fournitures pour l'armement , équipement et victuailles du navire, seront constatées par les mémoires, factures ou états visés par le capitaine et arrêtés par l'armateur, dont un double sera déposé au greffe du tribunal de commerce avant le départ du navire , ou , au plus tard, dans les dix jours après son départ ; — 7º Les sommes prêtées à la grosse, sur le corps, quille, agrès, apparaux, armement et équipement avant le départ du navire, seront constatées par des contrats passés devant notaires, ou sous signatures privées, dont les expéditions ou doubles seront déposés au greffe du tribunal de commerce dans les dix jours de leur date; — 8° Les primes d'assurance seront constatées par les polices ou par les extraits des livres des courtiers d'assurances. — Les dommages-intérêts dus aux afférteurs, seront constatés par les jugements ou par les décisions arbitrales qui seront intervenues. » C. comm., 192.

D'après un avis du conseil d'État du 17 mai 1809, c'est *au président du tribunal civil* qu'il appartient de régler et arrêter les états de frais de justice, faits pour parvenir à la vente et à la distribution du prix des navires. Nous verrons ci-après, que le tribunal civil est, en effet, seul compétent pour ordonner la vente, et que c'est devant lui qu'elle doit être poursuivie. — Cependant, d'après le n° 3 de l'art. 192, le président du tribunal de commerce serait compétent pour constater les frais de justice et autres, faits pour parvenir à la vente et à la distribution du prix. Mais il ne s'agit, évidemment, dans ce numéro, que des frais faits pour *parvenir* à la vente, quant à ceux de la vente et de la distribution du prix, ils ne pourraient être réglés que par le président du tribunal civil.

Dageville, t. 2, p. 38, conseille aux compagnies d'assurance qui assurent sans l'entre-

mise du courtier et par des actes sous seings-
privés, de ne remettre les polices aux assurés
qu'en recevant d'eux, en échange, un billet de
prime, lequel peut suppléer aux extraits des
livres des courtiers d'assurance et à la représentation de la police. Il pense, au reste, que
l'extrait de la police pris sur le registre où
elles sont copiées jour par jour suffirait pour
constater la prime.

Quant aux dommages et intérêts dus aux
affréteurs, il n'est pas absolument nécessaire
qu'ils soient constatés par jugement ou décisions arbitrales, toute transaction ou reconnais-
sance à l'abri du soupçon de fraude ou de dol
suffirait. La disposition du nº 9 de l'art. 192
n'est pas limitative.

« Les priviléges des créanciers seront éteints,
indépendamment des moyens généraux d'extinction des obligations, par la vente *en justice*
faite dans les formes établies par le titre suivant ; — Ou lorsqu'après une vente *volontaire*
le navire aura fait un voyage en mer sous le
nom et aux risques de l'acquéreur, et sans opposition de la part du vendeur. » C. comm.,
193.

Cet article, comme on le voit, distingue,
quant à l'extinction des priviléges, la *vente en
justice* et la *vente volontaire*.

Une vente en justice n'aurait pas pour effet
d'éteindre les priviléges, si elle n'était faite dans
les formes voulues par le titre **2** du livre **2** du
Code de comuerce, formes qui ont spéciale-

ment pour but et pour effet cette extinction. (Voir l'article **2** ci-après.)

« Un navire est censé avoir fait un voyage en mer lorsque son départ et son arrivée auront été constatés dans deux ports différents et trente jours après le départ. Lorsque, sans être arrivé dans un autre port, il s'est écoulé plus de soixante jours entre le départ et le retour dans le même port, ou lorsque le navire, parti pour un voyage de long cours a été plus de soixante jours en voyage sans réclamation de la part des créanciers du vendeur. » C. comm., **195**.

Par arrêt du **22** décembre **1824**, Dall., Alph., **4-12**, la Cour d'Aix a décidé que si les noms des acquéreurs sont portés sur l'acte de francisation, le voyage en mer est censé fait en leur nom, bien que le congé délivré pour ce voyage au port de l'armement n'énonce pas le nom des nouveaux propriétaires.

La réclamation de la part des créanciers, doit être notifiée non-seulement aux vendeurs du navire, mais aussi à l'acquérenr. — Dageville, t. **2**, p. **42**.

« La vente volontaire d'un navire en voyage ne préjudicie pas aux créanciers du vendeur ; en conséquence, nonobstant la vente, le navire ou son prix continuent d'être le gage desdits créanciers qui peuvent même, s'ils le jugent convenable, attaquer la vente pour cause de fraude. » C. comm., **196**.

Si le navire a été vendu, par vente volontaire en cours de voyage, les créanciers peuvent forcer l'acquéreur à leur en compter le prix, et même s'ils le préfèrent, soit parce que le prix est déjà payé, soit parce qu'ils le trouvent inférieur à la valeur réelle du navire, poursuivre le navire dans les mains de l'acquéreur, le faire saisir et vendre en justice. Ils pourraient encore attaquer la vente mais seulement pour cause de fraude. — Quant à l'acquéreur il aurait droit, renonçant au bénéfice de son acquisition, de rendre le navire à l'ancien propriétaire; dans ce cas, les créanciers opposants recouvreraient tous leurs droits. Dageville, t. 2, p.45.

Les règles de privilége établies par l'article 191, C. comm., reçoivent des modifications lorsque le navire fait naufrage ou échoue : Dans ce cas, on paie d'abord les frais de sauvetage, les frais de justice, les loyers échus des matelots. C. comm. , 259.

Le reste est affecté aux dettes privilégiées mentionnées dans l'art. 191 , sauf encore, cependant la différence que nous avons signalée relativement à la participation de l'assureur et du préteur à la grosse au profit des effets sauvés du naufrage (ci-dessus p. 152); après les créances privilégiées, viennent par contribution les créances non privilégiées.

ARTICLE 2. — De la saisie et de la vente des navires.

Tous navires ou bâtiments de mer ou de rivières peuvent être vendus amiablement. Entre associés pour la construction d'un navire, la preuve de l'association peut, ainsi que nous l'avons dit, chap. 1er, p. 15, se faire par toute espèce de moyens, mais il n'en est pas de même de la preuve de la vente. « La vente volontaire d'un navire doit être faite par écrit et peut avoir lieu par acte public, ou par acte sous signatures privées, elle peut être faite pour le navire entier ou pour une portion du navire, le navire étant dans le port ou en voyage. »(C. com. 195.)

Nous avons vu au paragraphe précédent que la vente volontaire d'un navire en voyage ne préjudicie pas aux créanciers du vendeur et, que, nonobstant la vente, le navire ou son prix continue d'être le gage desdits créanciers.

Il ne s'agit pas dans cet article de la vente amiable ou volontaire, mais de la vente par suite de saisie.

« Tous bâtimentss de mer peuvent être saisis ou vendus par autorité de justice, et le privilége des créanciers se purge par les formalités suivantes. » C. com., art. 197.

Mais ce ne sont pas seulement les créanciers privilégiés sur un navire, qui ont le droit de le faire saisir et vendre; les navires sont, nous le répétons, comme tous autres meubles affectés aux dettes de leurs propriétairs; ils peuvent donc être saisis par tous autres créanciers aussi bien que par les privilégiés.

Le Code civil et le Code de procédure civile ont réglé les cas dans lesquels il est permis de saisir les meubles ordinaires et les formalités à suivre pour les saisir et les faire vendre. — Le Code de commerce a consacré un titre particulier aux formes de la saisie et de la vente des navires.

« Il ne peut être procédé à la saisie que vingt-quatre heures après le commandement de payer. C. proc., 198. Le commandement doit être fait à la personne du propriétaire où à son domicile, s'il s'agit d'une action générale à exercer contre lui ; il peut être fait au capitaine du navire si la créance est du nombre de celles qui sont susceptibles de privilége sur le navire, aux termes de l'art. 191. » C. com., 199.

La distinction que fait le Code était nécessaire ; si, en effet, le navire est saisi par un créancier ordinaire et dont la créance ne dépend pas du fait de la navigation ou de la gestion du capitaine, l'action ne pourra, nécessairement, être intentée contre celui-ci ; dans le cas contraire, le Code consacre le principe que le capitaine peut être actionné au lieu et place de l'armateur ou du propriétaire du navire. V. ci-dessus chap. 2, p. 51.

En cas d'action générale à exercer contre le propriétaire, le commandement pourrait être fait au domicile élu par l'acte constitutif de la créance, aux termes de l'art. 111, C. civil, si un domicile avait été élu. — Si le propriétaire du navire habitait le territoire français hors du continent, s'il habitait à l'étranger ou s'il était étranger, le commandement devrait être fait au parquet du procureur du roi près le tribunal devant lequel la vente serait poursuivie. C. proc., 69.

« L'huissier énonce dans le procès-verbal les nom, profession et demeure du créancier pour qui il agit, le titre en vertu duquel il procède, la somme dont il poursuit le paiement, l'élection de domicile faite par le créancier dans le lieu où siége le tribunal devant lequel la vente doit être poursuivie et dans le lieu où le navire saisi est amarré ; le nom du propriétaire et du capitaine, le nom, l'espèce et le tonnage du bâtiment ; il fait l'énonciation et la description des chaloupes, canots, agrès, ustensiles, armes, munitions et provisions ; il établit un gardien. » C. com., 200.

Quoique l'huissier eût omis quelques objets dans son procès-verbal, comme canots, chaloupes, agrès, ustensiles, pièces d'artillerie ou munitions de guerre, ces objets n'en seraient pas moins adjugés avec le navire, s'ils en faisaient réellement partie et s'ils se trouvaient dans le navire lors de la vente. Valin, il est vrai, prétendait que l'omission de la chaloupe et du canot les excluait de la vente ; mais cette exception a été repoussée par Emerigon, *assurances*, chap. 6, section 7 ; par Dageville, t. 2, p. 74, et par les autres auteurs. En effet, la chaloupe et le canot doivent être considérés comme agrès du navire, et, à moins d'une exclusion formelle, ils sont censés, s'ils s'y trouvent joints, vendus avec le navire même.

« Si le propriétaire du navire saisi demeure

dans l'arrondissement du tribunal, le saisissant doit lui faire notifier, dans le délai de trois jours, copie du procès-verbal de saisie et le faire citer devant le tribunal, pour voir procéder à la vente des choses saisies. — Si le propriétaire n'est point domicilié dans l'arrondissement du tribunal, les significations et citations lui sont données à la personne du capitaine du bâtiment saisi, ou en son absence, à celui qui représente le propriétaire ou le capitaine; et le délai de trois jours est augmenté d'un jour à raison de deux myriamètres et demi de distance de son domicile. — S'il est étranger et hors de France, les citations et significations lui sont données ainsi qu'il est prescrit par le Code de procédure civile, art. 69. » C. com., 201.

Le délai de trois jours dans lequel la notification du procès-verbal de saisie doit être faite aux propriétaires de navire ne se compte que du lendemain du jour de la saisie; c'est-à-dire que si la saisie a eu lieu le premier du mois, le délai n'expirera qu'à la fin de la journée du 4.

Dageville pense que si le propriétaire n'est pas domicilié dans l'arrondissement du tribunal, les significations et citations lui doivent être données *à la personne même du capitaine* et non *au domicile* de ce dernier. Cette interprétation paraît trop absolue, tous exploits sont faits à personne ou domicile, C. proc., 68 ; voilà le principe général; lorsque la loi a dit que le procès-verbal de saisie d'un navire sera signifié à la personne du capitaine, elle a voulu seulement que le capitaine remplaçât, représentât le propriétaire ou au moins fût chargé de lui reporter la notification : si elle avait entendu faire une exception à la règle générale de l'art. **68**, elle l'aurait formellement exprimé et surtout, après avoir parlé de la *personne* du capitaine, elle ne se serait pas bornée à dire qu'en l'absence du capitaine la citation serait remise à *celui* qui représente le propriétaire et le capitaine; dans ce second membre de la proposition, il n'est plus question de *la personne*; cependant, comme on ne saurait prendre trop de précautions lorsqu'il s'agit de délais de rigueur et de nullités à éviter, il sera toujours plus sûr de remettre la copie au capitaine en personne.

On ne comprend pas pourquoi l'art. **204** augmente à raison des distances le délai donné au saisissant pour la remise de la copie du procès-verbal de saisie au propriétaire saisi, puisque ce procès-verbal est remis au capitaine ou à celui qui représente le propriétaire ou le capitaine. Cette disposition de la loi ressemble à une anomalie et ne se concevrait que si la copie devait être remise au propriétaire lui-même, demeurant dans un autre arrondissement.

« Si la saisie a pour objet un bâtiment dont le tonnage soit au-dessus de dix tonneaux, il sera fait trois criées et publications des objets en vente. — Les criées et publications seront faites consécutivement, de huitaine en huitaine, à la bourse et dans la principale place publique du lieu où le bâtiment est amarré. — L'avis en sera inséré dans un des papiers publics imprimés dans le lieu ou siège le tribunal devant lequel la saisie se poursuit; et, s'il n'y en a pas, dans l'un de ceux qui seraient imprimés dans le département. » C. com., **202**.

Suivant Dageville, t. **2**, p. **80**, ces criées peuvent commencer aussitôt après la signification faite au saisi ; Pardessus pense avec plus de raison qu'elles ne peuvent avoir lieu avant le jour indiqué pour la comparution. Il semble utile en effet que le saisi puisse, s'il a des moyens opposants, empêcher les criées, en offrant, par exemple, de désintéresser les poursuivants.

Il doit être dressé procès-verbal des criées et publications ainsi que de l'accomplissement des formalités qui suivent.

« Dans les deux jours qui suivent chaque criée et publication, il est apposé des affiches, au grand mât du bâtiment saisi, à la porte principale du tribunal devant lequel on procède, dans la place publique et sur le quai du port où le bâtiment est amarré, ainsi qu'à la bourse de commerce. » C. comm., **205**.

« Les criées, publications et affiches doivent désigner, les nom, profession et demeure du poursuivant, les titres en vertu desquels il agit, le montant de la somme qui lui est due, l'élection de domicile par lui faite dans le lieu où siége le tribunal, et dans le lieu où le bâtiment est amarré, les nom et domicile du propriétaire du navire saisi , le nom du bâtiment , et, s'il est armé ou en armement, celui du capitaine, le tonnage du navire, le lieu où il est gisant ou flottant, le nom de l'avoué poursuivant, la première mise à prix, les jours des audiences auxquelles les enchères seront reçues. » C. comm., 204.

Si ces formalités avaient été omises , le tribunal devrait ordonner que la procédure fût refaite à partir du plus ancien acte irrégulier, pourvu, toutefois, que les nullités eussent été proposées avant l'adjudication définitive. Plus tard, elles ne seraient pas opposables à moins que le saisi n'eût laissé défaut, et qu'il n'eût couvert aucun des actes par une approbation tacite, résultant de sa présence sans contestation.

« Après la première criée, les enchères seront reçues, le jour indiqué par l'affiche. Le juge commis d'office pour la vente, continue de recevoir les enchères après chaque criée de huitaine en huitaine , à jour certain fixé par son ordonnance. » C. com, 205.

« Après la troisième criée, l'adjudication est faite au plus offrant et dernier enchérisseur , à l'extinction des feux , sans autre formalité. — Le juge commis d'office peut accorder une ou deux remises de huitaine chacune. — Elles sont publiées et affichées. » C. com., 206.

Le juge ne pourrait accorder plus de deux remises. Si malgré les remises accordées, aucun surenchérisseur ne se présentait, l'enchérisseur serait obligé et resterait acquéreur. Pardessus, n⁰ 642, Dageville, t. 2, p. 88.

« Si la saisie porte sur des barques, chaloupes et autres bâtiments du port de dix tonneaux et au-dessous, l'adjudication sera faite à l'audience, après la publication sur le quai pendant trois jours consécutifs, avec affiche au mât, ou, à défaut, en autre lieu apparent du bâtiment, et à la porte du tribunal. — Il sera observé un délai de huit jours francs entre la signification de la saisie et la vente. » C. com., **207**.

Ce délai est soumis à la règle générale de l'art. 1033, C. proc. ; et doit être augmenté d'un jour par trois myriamètres à raison des distances.

On s'est demandé si dans le cas de l'art. **207**, le juge pourrait, comme lorsqu'il s'agit de la vente d'un navire au-dessus de dix tonneaux, accorder deux remises. Le Code étant resté muet sur ce point, paraît par là même les avoir interdites. Pardessus, n⁰ **642**, croit que si elles sont permises elles ne peuvent être accordées que *de jour à jour*, les publications se faisant *de jour à jour*, au lieu que dans le cas de la vente de navires au-dessus de dix tonneaux, elles se font *de huitaine en huitaine*.

Si plusieurs navires appartenant au même propriétaire et étant les uns supérieurs et les autres inférieurs à dix tonneaux, étaient saisis, on suivrait, pour la vente, les formes prescrites pour le navire du tonnage le plus considérable, cela est évident.

L'adjudication du navire fait cesser les fonctions du capitaine; sauf à lui à se pourvoir en dédommagement contre qui de droit. C. com., **208**.

« Les adjudicataires des navires de tout tonnage sont tenus de payer le prix de leur adjudication dans le délai de vingt-quatre heures, ou de le consigner, sans frais, au au greffe du tribunal de commerce, à peine d'y être contraints par corps : — A défaut de paiement ou de consignation, le bâtiment sera remis en vente, et adjugé trois jours après une nouvelle publication et affiche unique, à la folle enchère des adjudicataires, qui seront également contraints par corps pour le paiement du déficit, des dommages, des intérêts et des frais. » C. com., **209**.

L'art. 212 donne, comme on le verra ci-après, trois jours après celui de l'adjudication pour former opposition à la délivrance du prix du navire vendu, l'adjudicataire ne pourra donc être fixé dans les vingt-quatre heures, sur l'éventualité des oppositions; cette incertitude devra le déterminer à opter pour la consignation.

« Les demandes en distraction seront formées et notifiées au greffe du tribunal avant l'adjudication. — Si les demandes en distraction ne sont formées qu'après l'adjudication, elles seront converties de plein droit, en oppositions à la délivrance des sommes provenant de la vente. » C. com., **210**.

« Le demandeur ou l'opposant aura trois jours pour fournir ses moyens. — Le défendeur aura trois jours pour contredire. — La cause sera portée à l'audience sur une simple citation. » C. com. , 214.

En prononçant sur la demande en distraction le tribunal pourra ordonner l'exécution provisoire de son jugement nonobstant appel , et à charge de caution suffisante à fournir par le saisissant. C. proc , 459. — Si l'exécution provisoire n'a pas été demandée ou ordonnée, le saisissant pourra, en cas d'appel, demander et obtenir la permission de citer extraordinairement à jour et à heure fixe pour plaider sur l'appel. C. proc., 64.

« Pendant trois jours après celui de l'adjudication, les oppositions à la délivrance du prix seront reçues ; passé ce temps elles ne seront plus admises. » C. com. , 212.

Cet article doit s'interpréter dans ce sens qu'après le délai de trois jours les créanciers non payés ne peuvent plus réclamer de privilége, mais ils ont droit de réclamer la distribution au marc le franc des derniers qui restent de la vente. Si le réclamant était non *créancier* mais *propriétaire d'une portion non engagée du navire*, il aurait droit de se faire payer sur les deniers restants, de la valeur de sa portion, de préférence à tout créancier.

« Les créanciers opposants sont tenus de produire au greffe leurs titres de créance, dans les trois jours qui suivent la sommation qui leur en est faite par le créancier poursuivant ou par la tiers saisi ; faute de quoi il sera procédé à la distribution du prix de la vente, sans qu'ils y soient compris. » C. com., 213.

Le Code dit par erreur dans cet article *le tiers saisi*, il s'agit *du débiteur saisi*.

Un arrêt de la cour d'Aix, du 17 juillet 1828, Dall., 28-2-236, a jugé qu'après ces trois jours expirés les créanciers opposants sont déchus, quand même leur production faite postérieurement aurait eu lieu avant la clôture de la distribution opérée par le juge-commissaire. — Dageville pense, au contraire, qu'ils peuvent produire tant que la distribution n'est pas faite. L'avis de Dageville est plus conforme au principe qui n'admet de forclusion et de nullité qu'autant qu'elles sont textuellement prononcées.

« La collocation des créanciers et la distribution des deniers sont faites entre les créanciers privilégiés dans l'ordre prescrit par l'art. 191, et entre les autres créanciers, au marc le franc de leurs créances. — Tout créancier colloqué l'est tant pour son principal que pour les intérêts et frais. » C. com., 214.

« Le bâtiment prêt à faire voile n'est pas saisissable, si ce n'est à raison de dettes contractées pour le voyage qu'il va faire ; et même, dans ce dernier cas, le cautionnement de ces dettes empêche la saisie. — Le bâtiment est sensé prêt à faire voile lorsque le capitaine est

muni de ses expéditions pour son voyage. »
C. com., 245.

C'est devant le tribunal civil de l'arrondissement dans lequel la saisie a lieu que la caution doit être donnée. Cette caution répond du paiement de l'obligation quel que soit le résultat de l'expédition.

L'art 245 s'appliquerait également à un navire en voyage ; ce navire pourrait être saisi pour dettes contractées dans le lieu de la relâche, et le capitaine ne pourrait faire cesser les suites de la saisie qu'en fournissant une caution. Emérigon, *assurances*, chap. 20, section 7; Pardessus, n° 640, Dageville, t. 2, p. 109.

Nous ne nous étendrons pas davantage sur ces formes et nous terminerons cet article par une observation générale sur les irrégularités qui se glisseraient dans l'accomplissement des formes de la saisie ; ces irrégularités ne pourraient devenir des moyens de nullité, que si la nullité résultait des termes formels de la loi, ou si les formes omises ou mal remplies étaient essentielles à la publicité nécessaire la saisie et à la vente : dans les questions de forme et de privilége, et dans les procédures qui peuvent donner lieu à des oppositions, ce qui importe surtout, c'est que la partie saisie ou attaquée soit duement informée et mise à même de se défendre, et que les créanciers intéressés à ce qu'on ne préjudicie pas à leurs droits soient avertis par une publicité suffisante ; si ces conditions ont été remplies , toute autre forme devient moins essentielle, tout vice en dehors de cette publicité ne constitue plus une nullité radicale ; en outre , il ne faut pas perdre de vue que le saisi , par sa comparution sans protestation couvre tout vice antérieur à cette comparution.

CHAPITRE V.

De la compétence en ce qui touche la construction des navires , les actions entre les co-propriétaires et l'armateur , et celles contre l'armateur et les co-propriétaires.

« Les tribunaux de commerce connaissent « *entre toutes personnes* , des contestations rela-« tives aux actes de commerce. » **C. com.** , 654.

« La loi répute actes de commerce toute en-« treprise de construction et tous achats, ventes « et reventes de bâtiments pour la navigation « intérieure ou extérieure. — Toutes expédi-« tions maritimes. — Tout achat ou vente « d'agrès, apparaux ou avitaillements. — Tout « affrêtement ou nolissement, emprunt ou « prêt à la grosse ; toutes assurances et autres « contrats concernant le commerce de mer. « — Tous accords et conventions pour salaires « et loyers d'équipage. — Tous engagements « de gens de mer pour le service de bâtiments « de commerce. » **C. com.** , 633.

Ces deux articles sont le fondement de la

compétence maritime. Ils sont tirés des articles 1 et 2 du titre 2 du livre 1er de l'ordonnance de la marine de 1681 qui étaient ainsi conçus :

« ART. 1er Les juges de l'amirauté connaîtront privativement à tous autres et entre toutes personnes de quelques qualités qu'elles soient, même privilégiées, Français ou étrangers, tant en demandant qu'en défendant de tout ce qui concerne la construction, les agrès et apparaux, avitaillements et équipements, ventes et adjudications de vaisseaux. »

« ART. 2. Déclarons de leur compétence, toutes actions qui procèdent des chartes-parties ; affrètement ou nolissement, connaissement ou police de chargements ; fret ou nolis, engagement ou loyer de matelot et de victuailles qui leur seront fournies pour leur nourriture par ordre du maître pendant l'équipement des vaisseaux , ensemble des polices d'assurance , obligations à la grosse aventure ou à retour de voyage et généralement de tous contrats concernant le commerce de la mer nonobstant toute soumission et priviléges à ce contraires. »

Sous l'ancienne loi, les affaires maritimes étaient jugées par des tribunaux spéciaux dits *les amirautés;* ces tribunaux et les tribunaux consulaires furent remplacés par les tribunaux de commerce qu'institua la loi du 16 août 1790 et auxquels leurs fonctions furent résolues.

Le Code de commerce a consacré de nouveau la compétence des tribunaux de commerce,

nous aurons à nous occuper, sous ce paragra
phe, de leurs attributions en ce qui touche *la
construction des navires, les actions entre les
co-propriétaires et l'armateur et celles contre l'armateur et les co-propriétaires.*

Toute entreprise de construction, tous
achats, vente et revente de bâtiments pour la
navigation intérieure ou extérieure sont des
actes de commerce, et par conséquent les actions qui s'y rapportent doivent être portées
devant les tribunaux de commerce; ainsi, les
entrepreneurs de constructions de navires ne
peuvent assigner le propriétaire que devant le
tribunal de commerce pour tout ce qui regarde
les fournitures ou la construction. Il en serait
de même des actions des propriétaires contre
l'entrepreneur. Et il importerait peu que les
propriétaires fussent ou ne fussent pas commerçants, du moment où la loi place une
obligation ou un contrat parmi les *actes de commerce,* la qualité des personnes est indifférente.

Les contestations entre le sous-entrepreneur
et l'entrepreneur ou le propriétaire seraient
aussi de la juridiction commerciale.

Mais le travail des ouvriers employés au jour,
au mois ou même à l'année, ne doit pas être
regardé comme une *entreprise* de construction.
On ne pourrait leur appliquer que l'art. 5,
n° 5, de la loi sur la compétence des juges de
paix du 25 mai 1838 ainsi conçu : « Les juges

« de paix connaissent sans appel jusqu'à la
« valeur de 100 francs et à charge d'appel à
« quelque valeur que la demande puisse s'éle-
« ver..... 5° des contestations relatives aux
« engagements respectifs des gens de travail au
« jour, au mois et à l'année et de ceux qui les
« emploient..... des maîtres ou de leurs ou-
« vriers et apprentis, sans néanmoins qu'il
« soit dérogé aux lois et réglements relatifs à
« la juridiction des prudhommes. »

Quant aux fournitures faites à un entrepreneur pour la construction d'un navire ces fournitures n'entreraient pas non plus dans les *entreprises de construction*, et ne seraient pas de
plein droit des actes de commerce; on ne pourrait donc leur appliquer l'art 633, C. com. Les
actions relatives à des fournitures ne seraient
de la compétence des tribunaux de commerce
que si elles avaient été faites par des marchands
ou négociants ou manufacturiers; cependant,
l'entrepreneur acheteur serait toujours consi-
déré comme ayant fait acte de commerce puisque son but aurait été d'employer ces fournitures dans la construction du navire, c'est à
dire de les revendre : « Tout achat de denrées
« et marchandises *pour les revendre*, soit en
« nature soit après les avoir travaillées et mises
« en œuvre ou même pour en louer simple-
« ment l'usage est réputé acte de commerce. »
C. com, 652.

Les actions entre les co-propriétaires et l'armateur sont aussi de la compétence des tribunaux de commerce, elles tiennent nécessairement aux entreprises de construction, achats, ventes et reventes de bâtiments que l'art 633 répute actes de commerce.

Tout réglement de compte, toute assignation de part, toute liquidation de gestion de l'armateur, toute contestation qui s'éleverait sur ses droits, sur l'étendue de son mandat, tous réglements des droits des propriétaires, toutes discussions sur l'emploi du navire, sur les expéditions à faire, etc., devraient donc être portées devant le tribunal de commerce.

Quant aux actions contre l'armateur et les co-propriétaires et celles dirigées par eux contre des tiers, elles sont aussi nécessairement de la compétence des tribunaux de commerce, si elles ont rapport, soit à l'achat ou à la vente du navire, soit à l'achat ou à la vente d'agrès, apparaux et avitaillements, soit aux expéditions maritimes, soit aux affrétements ou nolissements, emprunts ou prêt à la grosse, soit aux assurances ou autres contrats concernant le commerce de mer, soit aux accords et conventions pour salaire et loyer d'équipage, soit aux droits, pouvoirs ou remplacement du capitaine, soit aux engagements de gens de mer pour le service de bâtiments de commerce; soit, en un mot à tout ce qui concerne la navigation commerciale ou les contrats maritimes. C. com., art. 633.

Les contestations résultant des bris, naufrages, et échouements, de l'abordage, du jet et de la contribution aux avaries sont également de la compétence des tribunaux de commerce, puisque ces contestations dépendent des expéditions maritimes, puisque, d'ailleurs, c'est dans le Code de commerce qu'il faut puiser les dispositions relatives à ces contestations.

Mais les tribunaux de commerce ne doivent pas aujourd'hui, comme autrefois, connaître de l'inventaire et de la délivrance des effets, délaissés dans les navires, de ceux qui meurent en mer. Carré, tom. 2, n. 515 — Orillard, *de la compétence des tribunaux de commerce*, n. 465.

Remarquons encore qu'une obligation peut être commerciale pour l'un des contractants et ne pas l'être pour l'autre; ainsi, le capitaine ou l'armateur qui traitent avec des passagers pour leur traversée font acte de commerce, et les passagers pourraient les assigner devant le tribunal de commerce pour les faire condamner à l'exécution ou aux suites de l'inexécution de l'obligation; mais, quant aux passagers, l'obligation n'est pas commerciale, et ils ne pourraient être assignés devant le tribunal de commerce, soit en paiement du prix de passage, soit pour toute autre contestation y relative. Locré, ayant égard aux observations présentées par la cour de Paris sur le projet du Code de commerce, pensait que l'action contre les passagers était de la compétence des tribunaux consulaires. MM. Carré et Orillard, n° 464, sont d'un avis contraire, ils se fondent sur ce que l'art. 632 ne répute acte de commerce que l'entreprise de transport *de la part de l'entrepreneur*, sans donner ce caractère, non plus que l'art. 655, à l'engagement du passager; ainsi jugé par le tribunal de commerce de Paris, le **22** mars **1842**, *annales*, **1842**, p. **220**.

De même, et quoique l'art. 655 mette au rang des actes de commerce tout achat ou vente d'agrès, apparaux et avitaillement, nous pensons que le propriétaire qui vendrait à un armateur ou à un capitaine de navire des denrées ordinaires ou les produits de sa propriété, ne ferait pas acte de commerce. La vente ne serait comprise dans la disposition de l'art. 655 que si les objets vendus étaient d'avance préparés pour les besoins du navire, avaient le caractère et la forme d'agrès, d'apparaux, ou avaient reçu un apprêt tout spécial pour les rendre propres à l'avitaillement.

La connaissance des prises était sous l'ordonnance de la marine de 1681, et d'après l'art. 5 du titre de la compétence des amirautés, attribuée aux amirautés.

La loi du 14 février 1795 avait confié provisoirement aux tribunaux de commerce la connaissance des prises maritimes; les lois postérieures la leur retirèrent et la leur rendirent alternativement; lors de la discussion du Code de commerce, il fut reconnu que les prises intéressent autant les droits politiques des nations que les droits du commerce et qu'elles ne pouvaient entrer dans la composition du Code. (Locré sur l'art. 655); — D'après l'ordonnance du 25 août 1815, le jugement des prises appartient au conseil d'État.

Par arrêt du 22 avril 1835, Dall., 38-1-94, la cour suprême, cassant un arrêt de la cour de Douay, a jugé que les tribunaux de commerce sont compétents pour connaître de l'action en paiement de frais sanitaires dirigée par la commission sanitaire contre les maîtres ou patrons de navires. M. Orillard, cite, d'après Despréaux, l'arrêt de la cour d'Amiens, qui, sur le renvoi de la cour de cassation, a jugé dans le même sens. Ces cours se sont fondées sur ce que la réclamation des frais sanitaires se rattache à des expéditions maritimes qui sont des actes de commerce, sur ce que les frais de visite sont, comme les frais de pilotage, utiles au navire et mentionnés dans l'art. 406., C. com.

Mais la saisie et la vente judiciaire des navires ne sont pas des actes de commerce, les tribunaux consulaires peuvent bien être appelés, doivent même être appelés à décider si le navire sera vendu; mais du moment où commencent les formalités de la vente, leur compétence cesse, « la vente des navires saisis, dit Orillard, n° 472 et la distribution du prix entre les créanciers privilégiés et chirographaires, n'appartiennent pas à la juridiction consulaire. Un avis du conseil d'État de 1807 le décide ainsi par deux motifs gros d'évidence; le premier c'est que les tribunaux de commerce ne connaissent point de l'exécution de leurs jugements; le second, c'est que l'art. 204, C. com., exige que le nom de l'avoué poursuivant la vente d'un navire soit indiqué dans les affiches et placards. »

Non-seulement la construction, l'achat et la vente des navires sont des actes de commerce; mais ceux qui en font leur profession habituelle doivent être regardés comme commerçants; ainsi, ils sont contraignables par corps pour toutes les obligations par eux contractées pour la construction, la vente, l'achat ou la gestion des navires.

L'armateur est donc commerçant, de même que le capitaine, pourvu, toutefois, au moins quant à l'armateur, qu'il *fasse profession* d'armer des navires, car un acte isolé ne constitue pas la qualité de commerçant; cependant, un arrêt de la cour de Paris, du 1er août 1810, Dall. Alph., 2-708, a jugé, sans faire cette distinction, qu'un armateur était commerçant, mais il s'agissait de contestations entre un armateur et les actionnaires intéressés a l'armement, en supposant donc que le principe fût trop absolu, son application quant à la compétence était réelle.

Un arrêt de la cour de Bordeaux, du 1er août 1831, a également jugé qu'un capitaine de navire est assimilé à un commerçant quant aux règles de la compétence. Dall., 55-2-5.

TABLE

ALPHABÉTIQUE DES MATIÈRES

ques des assureurs augmentés par la loi des 14 et 17 juin 1841. --- V. *Loi*.

AVARIES. --- V. *Compétence*.

AVARIE COMMUNE. --- La perte des chargeurs en cas d'abandon peut-elle être considérée comme avarie commune?--- V. *Responsabilité*, n⁰ 5.

BRIS. --- V. *Compétence*.

CAPITAINE propriétaire ou non propriétaire du navire, Responsabilité.--- V. *Responsabilité*, n⁰ 7. --- Faits et engagements du capitaine, Responsabilité de l'armateur. --- V. *Responsabilité*, n⁰ 1. --- Emprunt contracté par fraude. V. *Responsabilité*, n⁰ 5. --- Actions relatives à l'armement ou contre l'armement. --- V. *Armateur*. --- Cessation de fonctions. --- V. *Saisie*. --- Le capitaine est-il commerçant ? --- V. *Compétence*.

CAUTION empêchant la saisie du navire. --- V. *Saisie*.

COMPÉTENCE. --- Actions relatives à la construction des navires, Expéditions maritimes, --- Achat et vente d'agrès, apparaux, Avitaillement, Affrétement, Nolissement, Emprunts à la grosse, Assurance, Salaires et Loyers d'équipage, Engagement de gens de mer, 150. --- Compétence des anciennes *amirautés*, 151. --- Entrepreneurs, Sous-Entrepreneurs, Ouvriers employés au jour, au mois ou à l'année, 152. --- Compétence différente quant aux fournitures s'il s'agit d'action contre l'entrepreneur ou d'action contre le fournisseur, 153.

Comment se détermine entre eux l'intérêt commun, Loi de la majorité, Emploi et destination du navire, Aliénation, Licitation, 11, 12, 13, 14, 15 à 21. — Comment se constatent les droits des co-propriétaires qui ont fait construire un navire, 15, 16. — Preuve à l'égard des tiers, Acte de francisation, Acte de propriété, 14, 15, 16, 17, 18, 19. --- Transmission de la propriété du navire non constatée sur l'acte de francisation, Responsabilité de l'ancien propriétaire, 17, 18, 19. --- Responsabilité des propriétaires de navire quant aux engagements de l'armateur. --- V. *Armateur* et *Responsabilité,* n° 8.

Propriété (Acte de). --- V. *Propriétaires de navires.*

Quirats, *Quirataires, Portionnaires.* -- V. *Navires.*

Radoub. --- V. *Privilége.*

Responsabilité des armateurs et des propriétaires de navires quant aux faits et actes du capitaine, Loi des 14-17 juin 1841, 30, 51, 52 et suiv.

1. Principe de cette responsabilité, 53, 54. --- Caractère et objet de la responsabilité, *Faits du capitaine, Engagements,* 55, 121.

2. De la responsabilité sous l'ordonnance de 1681 et avant les nouveaux changements opérés dans le Code de commerce, 56. ---De la responsabilité chez les nations étrangères, 41.

3. Changements apportés par la loi nouvelle au Code de commerce, 45. --- De la responsa-

bilité et du droit d'abandon à l'égard des prêteurs ordinaires; -- *quid*, Si l'emprunt n'était pas
nécessaire, Si les formalités n'ont pas été remplies, S'il y a eu fraude de la part du capitaine? Si l'emprunt se fait par lettre de
change, l'armateur est-il obligé de payer ou
d'accepter la lettre de change? 48 à 57, 104
à 108.

4. L'emprunt à la grosse peut-il donner lieu
à l'abandon? 58. --- *Quid*, Si l'emprunt à la
grosse n'était pas nécessaire, Si les formalités
n'ont pas été remplies, S'il y a eu fraude de la
part du capitaine, 51 à 57, 58 à 61. --- De
l'emprunt à la grosse contracté au port de la
destination du navire, 61. --- Du cas où l'armateur interdit au capitaine d'emprunter à la
grosse, 62. --- De l'abandon relativement à
l'emprunt à la grosse, contracté pour l'expédition du navire frété du consentement des co-
propriétaires, 63 et 65.

5. De la responsabilité et du droit d'abandon à l'égard des chargeurs ou affréteurs dont
les marchandises ont été vendues ou mises en
gage en cours de voyage, 661. --- *Quid*, si les
marchandises ont été vendues sans les formalités nécessaires et sans nécessité, 67. --- *Quid*,
si la nécessité de vendre les marchandises n'a-
vait lieu qu'au port de la destination, 68. ---
Du cas où les marchandises auraient été mises
en gages, 70. --- De l'opposition des chargeurs
à la vente ou à la mise en gage de leurs marchandises, 71. --- De la contribution entre les

5**

chargeurs, La perte peut-elle être considérée comme avarie commune, 73, 74. --- De la contribution à la perte en cas de naufrage complet, ou lorsqu'une partie seulement des marchandises restantes est sauvée après la vente ou la mise en gage d'autres marchandises en cours de voyage, 75 à 81 ; ou lorsqu'une partie des marchandises a été déchargée. — Les marchandises déchargées doivent-elles contribuer à la perte, 80 à 83. --- De l'abandon fait aux chargeurs lorsque le navire a péri, 83 et suiv.

6. Des droits des chargeurs contre les assureurs en cas d'abandon lorsque leurs marchandises ont été vendues pour les besoins du navire avant le naufrage, 83 à 89. --- Les chargeurs peuvent-ils assurer les nouveaux risques auxquels les assujétit la faculté de l'abandon, et en cas d'assurance de leurs marchandises, Ces nouveaux risques quoique non spécifiés sont-ils compris dans l'assurance? 89 ; --- *Quid*, quant à l'assurance des sommes prêtées à la grosse.

7. De la responsabilité du capitaine, propriétaire ou non propriétaire du navire quant aux engagements par lui contractés comme capitaine, 95 à 98. --- De sa responsabilité quant aux faits dommageables, Délits et quasi-délits qu'il commettrait dans sa gestion, 98, 99, 100.

8. De l'abandon, En quoi il consiste, L'assurance du navire doit-elle en faire partie, 100 à 105. --- Dans quel délai doit être fait l'aban-

ANNONCES.

ANNALES

THÉORIQUES ET PRATIQUES

du

DROIT COMMERCIAL

ET MARITIME,

PAR M. L. LE HIR,

Docteur en droit, Avocat à la Cour royale de Paris,

ET PAR M. RAOULT, AVOCAT.

Ce recueil traite spécialement de toutes les matières qui font l'objet du Code de commerce, *des assurances, des sociétés commerciales, des faillites, du commerce maritime, des opérations de banque, de change, de bourse, du courtage de commerce et maritime, des attributions des conseils de prud'hommes, de la police du roulage, des chemins de fer, des entreprises de poste et de messageries, des contributions indirectes et des patentes, des questions de douanes,* etc. — Des traités particuliers contenus dans le recueil même comprennent la jurisprudence antérieure à l'établissement des ANNALES. L'année 1842 contient le traité sur *l'Arbitrage* et le traité sur *les Propriétaires de navires.* L'année 1843 contiendra un traité sur *les sociétés commerciales* et un traité sur *les assurances,* qui seront suivies d'autres traités sur *les Faillites, la Lettre de change,* etc.

Un cahier par mois de deux feuilles in-8° à deux colonnes de 5,000 lettres à la page. Chaque numéro contient la matière de sept feuilles in-8° ordinaires. Prix : 10 francs par an, franc de port, pour toute la France ; 12 fr 50 c. pour l'étranger.

L'année 1842 sera livrée au prix de 8 fr. à ceux qui s'abonneront pour 1843.

On s'abonne au bureau, rue des Saints-Pères, 59.

9 782019 321284